JN092665

イル・コミュニケーション

余命5年のラッパーが病気を哲学する

ILL-COMMUNICATION

ダースレイダー
DARTHREIDER

ライフサイエンス出版

Intro ——はじめに——

「パパが死んじゃったら困るな。もうちょいがんばって！」。これは娘たちとの会話だ。ドキリとする方もいるだろうが、我が家では日常的な風景だ。僕は脳梗塞、代謝性アシドーシスで2度入院し、左目を失明し、糖尿病と腎不全を抱えながら生きている。40歳の時、検査結果が悪化し、医師からは脅しの意味も込めて「何も手を打たなければ5年で死にますよ」と言われたが、6年目の今もどっこい生きている。そんな僕は家族と日常会話で病気について話すようにしている。

「低空飛行ですが、なんとか墜落しないで操縦しています」。知人に体調を聞かれた時、僕はこう答えることが多い。「トップガン」の如くふわ〜っと上空に飛び上がり、翔けていくような感覚は久しく味わっていないが、それでもプスン、プスンと言っているプロペラで山や谷を避けながらなんとか自分を操縦している。最近はコツを覚えたので安定してきたが、調子に乗るとすぐに姿勢が傾き、ぶつかりそうになる。整備不良は日常茶飯事、エンジンの故障も抱えながら、それでも飛んでいる。そんな飛行中には、色々と考え事をするし、見える景色も様々だ。若い頃はそれこそジェット機に飛び乗ってかっ飛ばしていたが、同時に多くのものを見逃していた。今はかなりゆっくり、ふらつきながらも周りを見渡すことができている。僕は病気をしてからのほうがより広くものが見えるようになった（片目を失明しているので皮肉な話ではある）し、物事を深く考えるようになった。

病気をしてから、過去の自分の振る舞いや考えの意味も少し分かるようになったと思う。僕は両親を病気で亡くしているが、その体験がどういう意味を持っていたのか？ 僕自身もタイミングが悪ければ死んでいた可能性があったが、病気とは、死とは何なのか？ この本はそうした問いに対する今の考え方を書いている。僕は今、ラッパーを名乗っているが、ＨＩＰＨＯＰに出会い、大学を中退して音楽の世界に飛び込んだ。そこで身についた考え方が病気後の生き方に大きな影響を与えた。そんなＨＩＰＨＯＰを通して学んだ哲学も紹介したい。

タイトルの『イル・コミュニケーション』は Beastie《ビースティ》 Boys《ボーイズ》のアルバムタイトルだ。ＨＩＰＨＯＰにおいてＩＬＬ（病気）という言葉はカッコいい、ヤバいという意味で使われる。高校生の時、池袋のＨＭＶに向かうエスカレーターでこのＣＤアルバムから発売された曲「Root Down」が店内から流れているのを聴いた時、全身にビリビリと衝撃が走った。僕はそのままレジに行き、「今かかっている曲をください！」と叫んだ。自分の本のタイトルを見て改めてあの時の興奮が甦る。病気について話すことをもっと当たり前に、病気について考えることをもっと日常的に。そんな思いを込めたこの本で僕といっしょにヤバいコミュニケーション（会話）をぜひ楽しんでください。

イル・コミュニケーション
――余命5年のラッパーが病気を哲学する――
目次

Intro――はじめに――

第1章 ごまかすな! 009
パリで生まれ、ロンドンで育つ/帰国と中学校受験/祖父母の死/母の闘病

第2章 病院への不信感 027
母が憑依した父/HIPHOPに出会う/インディーズデビュー/父の入院とメジャーデビュー

第3章 躍進と急停止 043
父の死とMICADELICの活動休止/ダメレコの時代/世界がぐるりと周る

第4章 脳梗塞 059
33歳で脳梗塞を発症／素人判断するな！／インスリン注射を身につける

第5章 片目のダースの叔父貴 073
レベル1の病人／歩くというマルチタスク／リハビリの日々／左目の失明

第6章 病院という人間交差点 089
家族の見舞いと音楽の差し入れ／病室でのフリースタイル／仲間たちが織りなす生命のネットワーク

第7章 ド派手な病人 101
片目になって社会の視野が広がる／おい、こっちは病人だ。席を譲れ！／両目失明の危機／座頭市ライブ

第8章 5years――死神は人生の友達―― 117
復活後の快進撃／クラブとクラブカルチャーを守る会／余命5年の宣告／ゆっくりでも歩き続けるしかない

第9章 HIPHOPの逆転の哲学
――すべては流れ、言葉は箱―― 133
ブレイクビーツがもたらす「個にして全、全にして個の境地」／健康と病気というレコードのA面、B面／スクラッチとグラフィティーが示す壁の外部／言葉は箱／すべてはフロー

第10章 ビートたけしの挑戦状 155
次女の誕生／浅草キッドの煽り文句／オフィス北野入社／たけしへの道

第11章 ラッパーの葬式 177
再生しろ！／あっという間だったオフィス北野時代／YouTubeに活路を見出す／死神ふたたび

第12章 集中治療室 195
自宅からの緊急搬送／カテーテルの刺激と深夜の絶叫／家族以外面会謝絶

第13章 満期5年
―5年後の自分に会いに行く― 209
海外からのオファーが殺到／コロナ騒動とコロナ感染／余命5年を生き延びる

第14章 ILL-COMMUNICATION
―病気を哲学する― 227
病気という人生の流れの分岐点／他者の死が豊かな生に気づかせる／病気との付き合い方の歴史がもたらしたもの／病気という属性／うなぎ

Outro ―おわりに―

第１章

ごまかすな！

パリで生まれ、ロンドンで育つ

白い壁にひび割れがある。毎晩この壁を見ながら眠りについていた。僕のパリ時代の記憶だ。両親の寝室の壁は漆喰でできていて、ベッドの枕が置かれた脇のところに縦に大きなひびが入っていた。1977年4月11日に僕はパリで生まれ、4歳まで過ごした。2歳下の弟・森《もり》もパリ生まれだ。もう一つ覚えているのは板張りの階段で、当時飼っていた猫のピッピが階段をすり抜けていく瞬間だけ鮮明に覚えている。このマンションの上階には、ピカソとともにキュビズムを代表する画家のブラックが住んでいたらしい。

父・和田俊《たかし》は朝日新聞のヨーロッパ総局に勤めていて、パリに駐在していた。母・和田亜紀《あき》は、東京藝術大学で油絵を専攻し、かつてパリに留学していたこともある。そんな家庭だったので僕も4歳まではフランス語を喋っていたらしいのだが、残念ながら今は全く覚えていない。唯一「r」だけは今もフランス式の発音ができる。

父の転勤で4歳の時に一度日本に戻った。戻ると言っても僕にとっては初めての日本だ。日本では、父方の祖父母の家の隣に住むことになった。祖父の和田斉《ひとし》も元朝日新聞記者で週刊誌

「朝日ジャーナル」の初代編集長だった。上海支局に勤務していた時に父と3人の弟が生まれている。父には姉もいたので、従兄弟たちも含めるとかなりの大家族だ。

斉は上海時代に魯迅とも親交があり、魯迅の日記に名前が登場する。斉は僕が物心つく前に受けた喉頭がんの手術で喉に大きな穴が開いていた。普段は喉元を布で隠していたが、子供心に強烈な印象があった。当時の僕は祖父と会話をしたことがないので、どうしても不思議な人として見ていたと思う。僕が初めて外形的に病気というものを認識したのはこの祖父の喉の穴だ。ポッカリ開いた穴、〝本来〟の形と異なる肉体の有り様。杖をついた綺麗な服装の祖父と近所を散歩する時も、僕はあのポッカリ開いた穴と歩いていた。祖母の和田栄子は、従兄弟たちからはおばあちゃんとして慕われていたが、僕個人はそれほど遊んでもらったりした記憶はない。記憶がないだけかもしれないが。

母方の祖父・大塚和《かの》は都新聞（現・東京新聞）記者を経て、日活などの映画プロデューサーとして「キューポラのある街」や「地の群れ」「祭りの準備」「海と毒薬」などを手掛けている。ただ、僕がこうした事実を知ったのは祖父の死後で、僕にとっては母の実家のこたつの定位置に座ってずっと国会中継を観ている人だった。

祖母・大塚公子は活発でずっと喋っている人だった。母とも仲がよく、よくいっしょに買物にも出掛けていた。祖母は東京ディズニーランドができたばかりの時、「どんなところか見てくる！」と友達と遊びに行き、お土産にダンボの人形を買って来てくれた。「僕と弟は連れて行かないのか！」と驚いたが、祖母にとっては自分が体験して楽しむことが大事なのだ。

帰国後初の夏休み、母方の祖父母と叔父の大塚汎《ひろし》は長野の蓼科《たてしな》の別荘で過ごしていて、我が家も1週間程度滞在することになった。祖父と僕ら兄弟で山道を歩いていると、急に豪雨になり、雷が鳴り響いた。その途端にピカッと空が光り、目の前にあった木に雷が落下して燃え出した。僕と弟は驚いて固まってしまったが、祖父は微動だにせずニコニコしていた。ある時は、祖父は飛んでいるスズメバチを手で払い除けたりもしていて、なんらかの達人のような風情があった。

6歳から10歳までは父がロンドン支局に転勤になったので、ロンドンで過ごした。父は仕事で忙しかったが、母は社交的で友達も多く、テニスやゴルフに出掛け、家では来客を料理でもてなして夜はブリッジをしていた。英語は生活をしながら身につけ、色々なコミュニティにも自ら飛び込み、周囲との信頼関係をあっという間に構築していた。父と知り合いだった柔道家の山下泰裕も遊びに来たことがある。父が出張中には、父の古い知り合いだというインド人が家族で訪ねて来て、そのまま2週間泊まって行った時もあった。結局2週間の滞在中父は戻らず、初めて会うインド人家族と不思議な共同生活を送った。母も初対面だったのだが流石に強《したた》かで、この時、本格的なインド料理を奥さんに教えてもらっていた。

僕ら兄弟も近所に友達ができて、現地の学校にもすぐ溶け込めた。日本人の子供たちは皆、帰国後を考えて日本人学校に通っていたが、僕ら兄弟は地元のガーデンサバーブという名前の小学校に通い続けた。日本人学校に行ってしまうと、日本人だけでまとまり、日本語で話してしまう。それはよくないという両親の考えのもと、全く英語ができない状態で現地校に放り込まれたおかげで、僕と弟は〝使える〟英語を身につけることができた。

我が家はフィンチリーのユダヤ人地区にあって、友達の多くはユダヤ人。金曜の安息日に彼らの家に食事に呼ばれると、キッパーという丸い帽子を被せてもらって、長老的なおじいさんから家族の歴史を聞いたりもした。ユダヤ人が多かったがアラブ系の家族もいて、この兄妹ともよくいっしょに遊んでいた。公園でサッカーしたり、ＢＭＸ（自転車）に乗って遠出したり。イギリスでもＭＴＶが放送されていて、Michael《マイケル》 Jackson《ジャクソン》、Madonna《マドンナ》、Pet《ペット》 Shop《ショップ》 Boys《ボーイズ》やCulture《カルチャー》 Club《クラブ》が僕らのお気に入りだった。ブレイクダンスも流行り始め、友達の兄貴が路上でクルクル回転しているのを観ながら、盛り上がった。

ある日、ユダヤ人の友達リチャードとアラブ人の友達アリが殴り合いの喧嘩をしていた。ちょうどイスラエルとパレスチナの緊張が高まっていた時期だ。僕ら子供はただ遊んでいただけだったが、そうはさせてもらえない大人の世界の事情が立ちはだかっていた。アリたちは徐々に遊びに参加しなくなり、一家も引っ越してしまった。

その後、街でばったりアリの妹のネギーンと会った。彼女はなぜか僕に「ごめんね」と謝ったが、僕は何も言えなかった。いまだにその時の彼女の寂しそうな顔は覚えている。その後も中東情勢のニュースに接する度に、そこから遠く離れたロンドンで子供たちの遊び場が引き裂かれた事実が浮かんでくる。そして、ユダヤ教とイスラム教という宗教がもたらす様々な事象についても考える。ラビン首相とアラファト議長のオスロ合意とその後のラビン暗殺、トランプ米大統領のエルサレム首都宣言、今も続くパレスチナのガザ地区の緊張。そして2023年10月7日のハマスのイスラエルへの大規模攻撃により、イスラエルの長年の国際法に違反したパレスチナ政策およびそれを黙認してきた国際社会、パレスチナ問題の発端となった英国の3枚舌外交などの矛盾が最悪の暴力として噴出することになってしまった。こうしたニュースが流れるたびにそれぞれの生活様式に留まらず、子供たちの人生にも決定的な影響を及ぼしていることに想いを馳せる。宗教とは何なのか?

帰国と中学校受験

父の転勤で再度帰国することになった。地元の公立小学校に転入を相談したら、「イギリスとのカリキュラムの違いから一つ下の学年に入れ」と言われた。これがあるから皆、イギリスで日本人学校に通うわけだ。学力テストがあるわけでもなく、自動的に留年が決定する。小学生で留年もいっぱしの不良感はあるが、流石にこれは避けたいと私立の明星学園を受験して合格、転入することになった。ここでは、生涯のメンターとも言える教師・ガッパこと内藤哲彦先生の教えを受ける。

ガッパは芥川龍之介の小説『河童』を子供たちに読ませることからついたあだ名だ。明星学園は小中高一貫校だったが、ガッパは中学・高校の教員免許しか持っていないモグリの小学校教師だった。彼はランニングシャツにサングラスと草履という出立ちで生徒には人気だった。

小学校6年生になると「俺が問題をつくるのは面倒臭いから君たちがつくれ」と生徒に問題をつくらせた。毎朝、生徒は問題を書いた紙を箱に入れる。ガッパはその中からよい問題を選び、生徒に解かせた。問題をつくるためには、何を問うのかという前提を理解していなければいけない。僕らは問題づくりを通してこの前提を問う姿勢を学んでいたのだ。また、ガッパは小学生が習う漢字は教えず、本を読んで自分で読みたいと思う漢字を覚えなさいと教えた。

こうしたガッパの教育方針に一部の保護者が反発した。せめて小学校で習う常用漢字は教えてほしいという要求から始まり、ガッパが小学校の教員免許を持っていないことにまで話は及んだ。結果、クラス全体の生徒と保護者を巻き込んだガッパの解任要求騒動が起こることになる。母はこの時、僕や生徒の味方をしてくれて、保護者たちとの話し合いに臨んでくれた。結果、ガッパは僕らの担任に留まってくれた。母はこの時期、小学校の校舎の絵を何枚か描いている。今にも廊下から子供たちの声が聞こえてきそうな温かい絵だった。

明星学園での日々を過ごすうちに、ふと「エスカレーター式で高校まで上がるのは面白くないのでは？」と思うようになった。父が東京大学法学部出身だったこともあり、東大というところを目指してみようと漠然と考えた。小学校5年生の時に「東大を目指したい」と両親に伝えると、母は「今のままなら苦労もなく高校まで行けるし、大学進学はその時に考えればよい。大学なんて行っても行かなくてもいいし、やりたいことをやればよい」と言った。さらに「東大を目指すなら早くから準備する必要も出てくるよ。やるなら応援するけど覚悟はあるの？自分で決めるのよ」と言った。僕はこの時も特に深くも考えずに「ある」と答えた。

ここからの母は猛然と応援してくれた。母は受験に関する本をあれこれと読み込み、参考書などを買って来てくれた。東大合格率が高かったのは、御三家と呼ばれる開成、麻布、武蔵。それぞれの学校の運動会や文化祭にいっしょに行った。僕は明星学園の校風自体は好きだったので、それに近い武蔵を目指すことになった。そして、四谷大塚という全国の受験生が集まる塾の試験を受けたところE判定で完全に合格圏外だった。そこで、武蔵受験に特化した学習指導会に通うのだが、ここでも当然一番下のクラス。この塾は先生にあだ名がついていた。塾長は馬、僕らの担任はエンマだ。生徒側もテストなどはあだ名で受ける。僕はガッパにあやかって「大巨獣ガッパ」を名乗った。エンマクラスは落ちこぼれ連中と見なされ、授業中も漫画を回し読みしたり、ゲームボーイでテトリスの対戦なんかをしたりして遊んでばかりいた。僕はヘラヘラと楽しくやっていたが、家では母が厳しかった。勉強するふりをして漫画を読んでいるのがバレた時は、机の上のノートも参考書も全部怒りで吹っ飛ばされた。恐ろしかった。でも、「やる」と言ったのは自分なのだ。

塾の社会の作文課題では、「南アフリカのアパルトヘイトについてどう思うか？」と出題された。僕は「差別のことは分からない。分からないことをどうこう言うより、自分のできることをやります。彼らは彼らでやることでしょう」みたいなことを書いた。自分なりに理屈をこねたつもりだったが、これを見た母が激怒した。「あなたはなぜ想像しようとしないのか？」と問われ、僕がまたごまかそうとしたら「ごまかすな！」と怒られた。母は少し泣いていた。僕はその後も要領よく物事をごまかしたり、はぐらかしたりしようとする時に頭の中でこの時の母の「ごまかすな！」が響くようになった。僕は成長するにつれ、悪知恵も身につき、ずるく立ち回ろうとしてしまう。その度に母は言う。「ごまかすな！」

6年生の受験間際になると合格圏内に入り、受験当日も割と楽な気持ちで受けることができた。社会では織田信長、豊臣秀吉、徳川家康について書いた。コーエーのゲーム「信長の野望」

をやっていたおかげでスラスラ書けた。この試験の時、父は入院していた。僕ら兄弟は父の病状を全く聞かされていなかったが、実は心臓のカテーテル手術を受けていて失敗した場合は死亡リスクもあった。そんな中、母は不安や動揺は一切見せず、僕ら兄弟の日常の世話をしてくれていた。しかし、実は母もこの時期にがんが判明していて、治療を受けていたのだ。僕は全く両親の病気には気づかず、受験勉強に集中していた。試験には合格して病室の父に電話で報告した。呑気なもので、父が生死の境を越えたばかりだとは想像もしていなかった。

ちなみに、この合格発表の時、合格した塾の生徒たちの一員として僕は某テレビ局の中学受験特番の取材を受けている。取材の意味が分かっていなかった僕らは、テレビ局のスタッフに校門でインタビューを受けた後、代々木にある学習指導会まで連れていかれたのだ。そして、スタッフから馬にビールを渡すよう指示された僕らは、言われた通りに喜んで合格報告をした。後日、放送を見たら、「子供たちが自主的にビールを買って塾長に渡している。これまでの指導への感謝の気持ちなのだろう」とナレーションが入っていた。ヤラセの片棒を担がされたのだ。また、学習指導会からは、エンマクラスでいっしょだった落ちこぼれ連中が何人も受かっていたので、「遊びながら結果出せる奴がよい！　むしろ遊びが大事だ！」という価値観もこの時に芽生えている。

祖父母の死

僕は帰国してから次々と死を体験していく。最初は父方の祖父・斉だった。病室に親戚一同で集まって、祖父が息を引き取る瞬間を見守った。祖父とは会話をしたことがなかったので、一方的に威厳を感じていたと思う。葬儀、そして朝日新聞社による盛大な偲ぶ会にも多くの人が訪れていて、自分とは関係ない偉い人のように感じた。祖父の死は自分にとっての喪失というより、両親や叔父、従兄弟たちにとっての喪失としてとらえていたと思う。そして、斉の喉にポッカリ開いた穴だけが記憶に残り続けた。葬儀の時、浄土宗のお坊さんが寿司を食べながら、酒を飲んで真っ赤になっていたので「お酒を飲んでいいんですか?」と聞いたら、彼は「仏様が望んでいるのでいいんですよ」と答えた。祖父がいつ望んだのか? お坊さんもいい加減なものだなと思ったのを覚えている。人の死、そして、死の儀式はとても不可思議なものに思えた。

祖父の死に続いて祖母・栄子も他界した。こちらの祖母は母との折り合いはあまりよくなかったが、常に母は献身的に世話していたと思う。祖母はお手伝いさんを雇っていたが、「この人はタバコばかり吸って仕事しない！」と母が怒っていたのを覚えている。最晩年の祖母は、近所の浴風会病院に入院していた。

祖父の葬儀と同じく、長男である父が喪主を務め、母は弔問客の相手や料理の手配まで忙しく動いていた。この時もお坊さんが御車代という名目でお金を受け取って帰るのを見て、また死の儀式について不思議な感覚にとらわれた。なんというか子供心に茶番に見えてしまったのだ。お酒とお寿司で盛り上がる大人たち。確かに祖母の思い出話はしている。人の弔いとはこういうものでよいのだろう。ただ、宗教儀式への不可思議な印象はより強くなった。近い親戚を残して来客が帰った後、部屋の片隅で片付けをしている母が一人涙を流していた。僕はそこに本当の気持ちのようなものを感じて、母に声を掛けられなかった。

ダウンタウンの「しょうた！」というコントがある。松本人志が演じるしょうたの葬式が開かれ、家族らが集まり、お坊さんが読経している。すると、棺の横窓がパンと開いてしょうたが顔を出す。横に座っている板尾創路演じる葬儀屋だけが気づいてしまう。しょうたがお坊さんに悪戯を仕掛けるのを、葬儀屋が必死でごまかして場が混乱していくという話だ。本来厳粛であるはずの葬式をひっくり返す構造のコントだが、僕は死の儀式としての葬式の本質をとらえているとも思う。儀式（宗教）に入り込んでしまうと、〝目の前で起きていることが見えなくなる〟というツッコミでもある。

今度は母方の祖父・大塚和が他界する。前述したように僕は和の前歴をほぼ知らなかった。葬儀は祖母・公子が喪主となり、母とその弟・汎が手伝っていた。世田谷の祖父母の家にたくさんの弔問客が訪れるので僕は驚いた。こたつに座ってニコニコしているだけの人だと思っていたからだ。玄関で泣き崩れている人もいた。映画監督の黒木和雄だった。「和さん、和さん!」と黒木さんが声を上げると、周りの人たちも皆泣き始めた。和がプロデュースした黒木さんの映画「祭りの準備」は、主人公の青年の内面と現実が高知の自然と重なるように描かれる傑作だ。高知出身の和のルーツの映像化とも言える。この映画は、社会学者の宮台真司さんが様々な場面でよく紹介している。僕はここ数年宮台さんのゼミにも参加し、WEB配信の番組でも共演する機会が増えたが、宮台さんがある日、「祭りの準備」というタイトルを口にした時に再び祖父に会ったような感覚を味わった。

「海と毒薬」に出演していた奥田瑛二も来ていた。奥田さんはスラリと綺麗な立ち方をしていてカッコよかった。映画版「海と毒薬」は遠藤周作の原作で1986年制作。僕は9歳になっていた。そういえば家にこの映画のVHSがあったのだが、当時は祖父が制作したという認識はなかった。そもそも制作の意味が分かっていなかったのだと思う。もちろん9歳で興味を持つような類いの作品でもなかったが。両親と祖母、叔父は祖父についての本『映画と人生』を自費出版でつくり、和の波乱の人生を記録として残した。この本もそうだが、祖父の死は僕にとって祖父の生を知る機会になった。死後に生が展開していくこともある。死は終わりではなく、記憶が継承されていくことで人は再生を続けていく。僕の死のイメージの雛形はこうしてつくられたのだと思う。

母の闘病

僕が中学に入ると母の病気は悪化した。母は毎朝弁当を用意してくれて、友達が遊びに来ればみんなの夕食もつくってくれたし、サッカー部の試合の手伝いもしてくれた。中学生の時の僕は本当に丸々と太っていたので、母が見かねてダイエット計画を立て、日々の栄養計算などをノートにまとめてくれた。こうした母のエネルギッシュさは表面的には変わらないように見えたが、検査入院などで家を空ける頻度は増えていった。

その後、母の首には悪性の腫瘍があり、入院先は国立がん研究センターだと知ることになる。父に連れられて兄弟で見舞いに行くと、母は気丈に振る舞い、笑顔で「大丈夫よ」と言ってくれた。僕は心配する必要はないと思い込むようにしていた。やがて、母は腫瘍を取り除くため頸椎の手術を受け、首が半分しか回らなくなってしまう。弱った首を支えるために金属片を埋め込んだのだ。それでも退院した母は変わらず家事全般を手掛けていた。変わらず、と僕が思うようにしていただけなのだが。

病気が進行すると、母は新作の絵画をたくさん描き始めた。強烈なエネルギーの塊のような抽象画を次々と完成させていった。荒々しく絵の具を使って、光や波が飛び交う中に階段や路地を浮かび上がらせ、シルエットのような人影がそこを彷徨《さまよ》う。母の絵は強く、優しく、謎めいている。絵ができ上がるたびに、母の病気はよくなっているのだろうと僕は思ったが、それは逆だった。母は自分に残った最後の生命の煌めきをキャンバスに叩きつけていたのだ。一度、絵を描いていた母が突然キャンバスを切り裂いて、「もうやめる！」と怒鳴ってから号泣した日があった。父は何も言わずに、母を抱き寄せていた。

1993年の夏、銀座のサエグサ画廊で母の個展が開かれた。前年から描き続けた絵が並んでいる。ただ、母はこの個展の期間中にも手術を受けている。入院しながら検査の合間を縫って、画廊に顔を出し、来客に笑顔で対応していた。僕も学校帰りに個展に寄っては茶菓子をつまみ、知ったかぶりの知識で客に絵の解説をしていた。デタラメ即興精神はこの時から変わらない。母の友人たち、東京藝術大学の油絵専攻の仲間たちがたくさん集まった。小説家の辻邦生も来場してくれた。彼の連載小説『天使の鼓笛隊』では、母が挿絵を描いていた。単行本の表紙も母の絵が飾っている。僕は辻さんに対して「いかに司馬遼太郎の本が面白いか」を語っていた。後で父から「作家相手に他の作家の話ばかりするのはよくない」とたしなめられた。

　この個展のオープニングの日も母は僕ら兄弟の晩御飯をつくってくれた。ビーフストロガノフだった。いつもと変わらず美味しかった。そして、これが僕らが食べた最後の母の料理になった。この時は祖母・公子も遊びに来ていた。おしゃべりな祖母は喋り続けて出された料理を食べない。母が怒って片付けてしまい、二人は口論になった。祖母が「せっかちねえ」と言ったら、母は「時間がないの」と返事した。すると、祖母は黙ってしまった。母の病状を知っていたからだろう。

　僕は手術が成功すれば、病気は治るものだと思っていた。父から「手術は成功だったよ」と聞いて僕は安心した。ところが、母の容態は悪化の一途を辿っていた。母が退院して家に戻ると聞いた時も僕は喜んだ。この後はよくなるに違いない、そう思い込もうとしていた。だが、帰宅した母はもう立ち上がることも困難で、家族の集まる食堂にベッドを置いて1日中休んでいた。母は首の手術を重ねていたので、もはや固形物は食べられず、弟がかき氷のサクレレモンを買って来て食べさせてあげていた。母は「美味しい」と言っていた。母が「喉が渇いた」と言えば、僕は氷で唇を湿らせてあげた。それでも僕は、母はよくなるんだと思うようにしていた。

　母は僕を呼んだ。僕が枕元まで行くと、母はそっと囁いた。

「お父さんはまだ若いんだから、新しいお母さんが来たら、ちゃんと迎えてあげなきゃだめよ」

母は強く、そして、優しかった。そして、父を愛していた。

1993年7月28日に母は死んだ。ベッドで息を引き取った時は、家族4人でいっしょだった。父はずっとそばで泣いていた。僕と弟は隣の部屋からそんな両親を見ていた。翌日、母の大学時代の油絵専攻の仲間の斎藤武さんが訪ねてくれて、母のデスマスクを描いてくれた。安らかな顔。葬儀は母の希望に添い、無宗教の献花方式で行った。母が好きだったアルビノーニの「アダージョ」は葬式でもずっとかかっていた。暗く、そして美しい曲だ。今でもこの曲を聴くと、母の最期の日に戻ってしまう。だから、なかなか聴けないでいる。

母は病院を出て家で亡くなった。家で最期を迎える。それが母の決断だった。そこに僕は病院という場所への不信感を感じ取っていた。母は「自分で決めたことをやりなさい」と常に言っていた。僕の受験も自分の決断だったから、母は応援してくれた。母は画家として最期まで絵を描き、個展を開くと決めていて、それを成し遂げていた。そして、母は僕と弟の母であることも自分の決断として完遂してくれた。母からは様々なことを教わった。父への愛、子供たちへの愛、病気との向き合い方、人生との向き合い方、楽しみ方、そして、どこで死ぬべきか。今も僕はそんな母の眼差しを感じながら生きている。

第２章

病院への不信感

母が憑依した父

母の死後、父は変わった。

朝日新聞の論説委員として、「ニュースステーション」で久米宏と小宮悦子の隣で解説員を務めてからは、古舘伊知郎と小西克哉との「ニュースフロンティア」、そして、渡辺宜嗣との「スーパーJチャンネル」と、テレビ出演を続けていた。朝日新聞社退社後は、立正大学の教授になっていた。

元々仕事に忙しい人で、母が家事全般を担当していたのだが、母の死後は兄弟の毎日の弁当も晩御飯も父がつくるようになった。料理などほとんどしていなかったはずの父は、母の遺したレシピを見ながら、日々腕を磨き、気づけば来客に料理を振る舞うほどになっていた。父は料理を通じて母を自分に憑依させようとしていた。

父と僕ら兄弟はよく会話した。たまに父が常連だった飲み屋にも連れて行ってもらい、そこでも政治や社会を巡る状況について激論を交わした。あまりの剣幕に横で飲んでいる人が止めに入ったこともあるが、僕らにしてみれば、日常的な出来事だった。もっとも父にしてみれば子供の理屈に付き合ってくれていただけなのだろうが、こうした時の父の眼差しには母の眼差しも重なって見えた。父はかなり意識的に母への「なりきり」を試みていたと思う。なりきりとはその人の視座、その人の考え方を想像しながら、行動することだ。特に僕たち兄弟と接する時に父は、「こういう時に母ならどうするか？」について考えてくれていた。ただ、16歳で母を失った当時の僕は、メンタルにダメージを負っていた。よく家で暴れて壁を殴って穴を開けたり、食器を床に叩き落としたりもした。ある晩、僕が割った大量の皿を、父がしゃがんで無言で片付けていた。僕は隣の部屋からその背中を見ていたが、謝ることができなかった。今でも時折、この時の父の背中を思い出している。

母を追うように祖母・公子も亡くなった。体調を悪くして病院で診察を受けたものの、「大丈夫だ」と言われ、帰宅した日の晩に容態が急変し、再入院してすぐに息を引き取った。祖母はいつもせっかちで忙しくしていて、友達と旅行に行ったり、アクセサリーづくりの教室に通ったり、買い物に食事にスイーツに、と予定がパンパンだった。いつもおしゃれでスタイリッシュ。タバコをぷか〜っと吸いながら、ずっと喋っている。天ぷら屋にいっしょに行った時も祖母がずっと喋っているので、店主が次の具を揚げられずに困っていたこともあった。あっという間の死に様もまた実に彼女らしかった。祖母はニコライ堂に通うロシア正教の信徒で、葬儀も死後3日目の埋葬式で行ったように思う。母と祖母の続け様の死で僕は、病気というものの理不尽さ、そして、病院という場所への不信感を募らせていた。

HIPHOPに出会う

中学、高校と武蔵のサッカー部で部活動中心の毎日を送っていた僕は、高校3年の夏に部活動を引退してから、ワイズという東大専門の予備校に入って受験に備えた。準備期間が全然足りなかったので、現役生の時は試験の雰囲気を知るために東大だけ受けた。結果は不合格でお茶の水の駿台予備校3号館に通うことになる。大学生は浪人生にはなれないけれど、浪人生は大学生になれる、という論理で自分の浪人生活を正当化していた。予備校には出身地も年齢も様々な人たちが集まっていたので、それだけで僕は十分に楽しかった。お茶の水には本屋やレコード屋も多く、美味しいご飯屋もあちこちにある。授業は苦手な数学や古文、地理や地学などだけ出席して、後は自習室で勉強しながら、友達と遊んで過ごしていた。そんなある日、自習室で僕の運命を決定づける出会いがあった。

受験生が勉強している自習室で、こともあろうにでかいラジカセで音楽をかけながら、ラップをしている人がいたのだ。彼はすでに2浪している医学部志望の予備校生のK君。全身を最新のB-BOYファッションで固めた彼は、全く場所を弁《わきま》えることもせずにラップを披露していた。僕が「一体何をやっているんだ?」と仰天し、話し掛けると、「これは日本語ラップだよ。HIPHOP、知らないの?」と言ってから、自作だというラップをさらに続けたのだ。僕にとっては、完全なる未知との遭遇だった。中学、高校と僕は60年代から当時(90年代)の新譜まで、英米のROCK《ロック》を中心に、その流れでBLUES《ブルーズ》やSOUL《ソウル》、FUNK《ファンク》などを幅広く聴いていたが、HIPHOPは通っていなかった。ロックの流れでBeastie Boysを聴いたり、同級生や後輩からSnoop《スヌープ》 Doggy《ドギー》 Dogg《ドッグ》(現・Snoop Dogg)やHouse《ハウス》 of《オブ》 Pain《ペイン》のCDアルバムを借りたりしてはいたが、あくまで洋楽の一ジャンルとして認識していたし、ラップを日本語でやるなんて発想は全くなかったのだ。

　僕は楽器もできず、バンドのヴォーカルという柄でもないと自分で決めつけていたので、音楽をやるのは自動的に諦めていた。パンクスだってギターを弾いている時点でハードルが高い。むしろ、CDアルバムについているライナーノーツや『rockin'on《ロッキンオン》』や『CROSS《クロス》 BEAT《ビート》』といった音楽誌を読みながら、いつかは音楽ライターになりたいと思っていた。『rockin'on』の渋谷陽一からの影響が丸出しな自分で聴いたCDアルバムのレビューをノートに書いて、友達に読んでもらったりもしていた。ところが、目の前でラップするK君は楽器も楽譜もなし。歌とも違う方法で音楽をやっていた。もしかしたら、この方法なら僕にも音楽ができるのではないか？　その気づきが雷のように全身を貫いていた。そして、そうした視点で周囲の予備校生を見ると、ＨＩＰＨＯＰを聴いている友達は何人もいた。

彼らに誘われて渋谷のＣＩＳＣＯ《シスコ》というレコード屋に行った時、BUDDHA《ブッダ》 BRAND《ブランド》とSHAKKA《シャカ》ZOMBIE《ゾンビ》の連盟ユニット大神《おおかみ》の12インチレコード「大怪我」を求める長蛇の列を目撃して驚いた。僕が触れているテレビや雑誌といったメディアには登場しないムーヴメントが存在していて、それは凄まじい熱気を持っている。その熱気に煽られるように僕は神保町のディスクユニオンというレコード屋に行き、「新発売！」という棚に並んだBUDDHA BRANDのＣＤアルバム「黒船」とRHYME《ライム》STER《スター》の12インチレコード「耳ヲ貸スベキ」を購入していた。楽器も音楽的知識も必要としない、持たざる者の音楽、ＨＩＰＨＯＰ。その扉を自分で開けた瞬間だった。

1年の浪人生活を経て、僕は東大の文科二類に合格した。文科二類を選んだのは合格者数が文科一類よりも多いからという理由だけ。１９９７年3月10日、本郷の赤門をくぐり、合格発表を確認した日の夜、僕は高円寺のドルフィンというクラブで人生初のライブをしている。Ｋ君のライブがあり、その枠に合格祝いで混ぜてもらったのだ。浪人中にＨＩＰＨＯＰを聴き漁りながら、自作の曲を何曲か書いていて、Ｋ君の家でデモテープの録音もしていた。ラッパー名は本名の礼を入れつつ、長いほうが目立つだろうという理由でダースレイダーにした。スターウォーズの悪役、ダース・ベイダーに自分の本名の礼を組み込んだ安易な乗っかりの発想だ。

　この日歌ったのは「16番地の殺戮現場」というホラー調の曲で、キングギドラの「地獄絵図（AOZの視点）」という曲のインスト（声なしバージョン）をかけてラップした。サビを歌うはずのK君が歌ってくれないというアクシデント（後で「曲が暗いから俺の気分が盛り上がらなかった」と言われた）があったものの、マイクを通してギューギュー詰めのお客さんの前で自分の書いたリリックでラップを歌った感動は、東大合格の何倍もの大きさに感じられた。この日の体験により、僕はラッパーになることを決めた。決めたというより他は考えられなかった。ラップのことは父にも黙っていたので、両親の応援なしで初めて自分の人生の決断をした瞬間でもあった。

インディーズデビュー

　ドルフィンの客の中には、大森庸平という絵が得意な男とその同級生の真田忠司がいた。庸平は今に至るまで僕の作品のデザインを手伝ってくれている。真田は真田人という名でラップしていてＭＩＣＡＤＥＬＩＣ《マイカデリック》というグループでいっしょに活動することになる。完全にラッパーモードになった僕は、大学のオリエンテーション合宿や説明会も全部サボり、毎晩クラブに遊びに行くようになった。日本武道館での入学式も徹夜明けの寝惚け眼で出席している。教養学部1、2年生が通う東大駒場キャンパスは、家から近かったので通ってはいたが、結局友達と集まって、渋谷や下北沢に遊びに行く。機会があればクラブでライブし、1年遅れで大学生になった真田人とデモテープをつくった。

これをあちこちに配っているうちに、P-VINE《ピーヴァイン》というインディーズのレコード会社との契約が決まった。2000年3月10日、初めて人前でラップしてからちょうど3年後に、MICADELICのデビュー12インチレコードシングル「この男凶暴につき」、1ヵ月後にはCDフルアルバム「FUNK JUNK創刊号」が発売された。僕のグループMICADELICはP-VINEの社員だった田儀伸夫さんが制作ディレクターを担当してくれていた。田儀さんはよくも悪くもいい加減な人で、2作目のフルアルバム「FUNK JUNK増刊号」の時点で僕に予算を丸投げしてきた。リミックスの依頼やゲストに呼ぶアーティストとの交渉も僕に任されていた。田儀さんはスタジオにもほぼ現れず、完成した曲を聴いて「いいね!」とか「この曲長いな」と一言言うくらいだった。

この緩いマネジメントのおかげで、僕らは勝手にどんどん曲をつくり、P-VINE時代にはフルアルバム2枚、B面集1枚、シングルレコード5枚という新人としては異例な量をリリース。アルバムのジャケットデザインも一任してくれたので、庸平がその頃、友人の森忠昭と組んだデザインユニットMOCROCK《モックロック》に全部お願いして、自分たちのアイデアでつくることができた。後に田儀さんはP-VINEを辞めて、ポジティブプロダクションという音楽事務所に移ることになるが、その際に僕らも誘われてラッパ我リヤ、餓鬼レンジャーとともに所属することになった。

当時の僕はとにかく創作意欲が旺盛で、田儀さんのいつもの緩いOKを得て、MICADELICの活動とは別にDJオショウと組んだユニットでアルバムをつくった。DARTH REIDER & DJOSHOW名義の「ウェルカム・トゥ・ザ・変態ZONE」だ。収録曲にも自信があり、MOCROCKの森君に一任したジャケットデザインもバッチリだと思ったのだが、事務所の反応は最悪だった。事務所としては、MICADELICをメジャーに売り込みたかったらしい。そのため、「君たちの活動は応援できない。もしリリースしたかったら営業も広報も自分でやれ」と社長に言われてしまった。それでも内容には自信があったし、社長のダメ出しも悔しいので、営業電話もすべて自分でやることにした。

全国のTOWER RECORDS、HMV、新星堂といった主要チェーンから個人のレコード店に至るまで軒並み電話をかけて担当者と話し、資料を送付した。直接出向ける店舗にはアポなしで訪ね、その場で担当者にウォークマンで音源を聴かせる。自前でつくったチラシを配り、知り合いにリリースイベントを組んでもらったりもした。事務所の電話とファックスだけは使わせてもらえたので、張り付いて自分で思いつく限りの売り込みをした。

結果、売上はわずか１７００枚。ＣＤが売れていた当時としても全く売れなかった。事務所スタッフからは「だから言っただろ」と冷たくあしらわれた。ただ批評家受けは悪くはなく、TOWER RECORDSの月刊誌『bounce』はレビューページの冒頭で取り上げてくれた。これには事務所からも「どうやってこの場所取ったの？」と聞かれたが、担当者に音源を聴いてもらっただけだ。そして、何よりもこの時に自分たちだけで音源を制作し、売り込みまですべてやったことは、その後の自分のスタンスに大きな影響を与えた決定的な経験だったと言える。

父は夜な夜な遊び歩き、自宅に友達を集めてラップをしたり、音楽活動で事務所に入り浸ったりしている僕に対しては「大学は卒業してくれ」とだけ言っていた。父は音楽は詳しくなく、「ラップのことはよく分からない」と言っていたが、僕と弟に聴かされてThe《ザ》 Beatles《ビートルズ》は好きになっていた。ニューステーションでJohn《ジョン》 Lennon《レノン》が生前つくっていた未発表曲を完成させたThe Beatlesの新曲「Free as a Bird」が初オンエアされた時は、僕らからの受け売りの話を披露していた。父はテレビ出演に大学教授、各地での講演に、僕ら兄弟の世話と、超人的に働いていた。２００１年の年末には、シャロン政権が誕生し、パレスチナ問題が緊迫感を増すイスラエルに取材に出掛ける準備をしていた。出国前に病院での定期検査を受けたところ、父の喉に悪性の腫瘍が見つかった。

テレビにせよ、授業にせよ、喉を使う仕事だ。父はすぐに喉への負担を軽減する治療法を調べた結果、北海道の放射線治療の大家を頼ることに決めた。年末年始の仕事をすべてキャンセルした父は札幌市内の病院に単身入院した。早期治療、早期の仕事復帰が目的だった。

父の入院とメジャーデビュー

僕ら兄弟も入院には同行した。年末で大部屋しか空いておらず、父はそこに一人で入った。寒い北海道、広い部屋に病院着で一人寝ている父は急に弱々しく、小さく見えた。だが、本人は回復後に仕事が山積みだ、と治ることを前提に前向きであった。

MICADELICはこの時期、事務所の狙い通りメジャーデビューが決まる。「JUKE《ジューク》 BOXING《ボクシング》」というEPを事務所のレーベルから1枚出した後に、avex内のレコードレーベルcutting edgeからリリースが決まった。この時に事務所から給料が支払われるようになったが、僕らが事務所やavexと契約書を交わした記憶はない。僕らはまだ学生で何も知らないままだった。

メジャーデビューに向けて制作されたCDアルバム「娯楽の殿堂」は、THINK《シンク》 TANK《タンク》のK《ケー》-BOMB《ボム》さんとCHI《チ》 CHI《チ》 CHI《チ》 CHEE《チー》さん、餓鬼レンジャー、仲間のバンドであるAFRO《アフロ》13が参加し、デザインはMOCROCK。音源のつくり方は今までと変わらず、avexの担当ディレクターGさんからは何も中身について言われた記憶はなかった。Gさんは人気バンド、Janne《ジャンヌ》 Da《ダ》 Arc《ルク》も担当していて、僕らはJanne Da Arcの売上で制作できているとだけ聞かされていた。

メジャーデビューが迫る状況下、父には主に弟が付き添い、僕は空いている時間に北海道に通うことにした。そして、音楽活動の忙しさから、大学にはほぼ行かなくなっていた。春になると、父に転院の話が出た。担当する医師が代わることになったのだ。当初の予定が変わることに父は抵抗感を示していたが、「せっかく北海道まで来たのだから」という病院側の説得に従うことになった。僕は医師の専門的な説明はほぼ理解できず、とにかく父が治るのならと思って話を聞いた。だが、札幌の郊外に移ってからの父の病状はよくなるどころかどんどん悪化していった。

転院して数週間後、父は肺炎を起こして昏睡状態に陥り、集中治療室に運び込まれてしまう。「よくあることです」と医師は言っていた。父は目が覚めると、集中治療室にいたことにショックを受け、憤慨した。そして、医師の説明が足りないことに抗議し、再転院を希望したが、病院側からは「今は体力もないので、まずは安定させましょう」と説得された。「今は本人が動揺しているけど肺炎は予想の範囲内だし、治療を続ければよくなります。この病院なら適切な治療ができるし、大丈夫です」という医師の説明に対し、僕ら兄弟は反論する知識を持っていなかった。ただ、こうした説明に反して父の病気はどんどん進行しているようにしか見えず、僕の心にはずっと疑念が湧いたままだった。

その後、集中治療室から一般病棟に移っても父の肺炎は治るどころかますます悪化した。喉に痰が溜まり、咳も止まらなくなった。「肺炎が本来のがん治療の邪魔をしている」と医師に説明された。まず、肺炎に対処するために、痰を吸い出す穴を喉に開ける手術をすることになった。祖父・斉の喉にポッカリ開いたあの穴が、父の喉にも出現することになった。痰を吸い出せば、肺炎は楽になるが、その間は喋れない。そもそも喉を守るために北海道まで来たはずだ。これでは本末転倒だ。病院の方針は本当に正しいのだろうか？

医師は「肺炎の辛さを抑えるための一時的な処置です」と話していた。確かに痰と咳は辛そうだったが、すべてが後手に回っている気がした。「今は辛抱だね。もう少し我慢したら話せるから」と父に言ったが、結局、この後父の声を聞くことはなかった。肺炎が回復することもなく、季節は夏になった。早期治療、早期仕事復帰が北海道行きの目的だったはずが、自宅を遠く離れた病室で父は半年以上過ごしている。父は声を出せないので、僕らはボードを使って会話していた。僕は「これだけの体験をしたんだから、闘病記を書いてヒットだね！」と励ましたが、父は柔らかな笑顔を返すのみだ。

僕と弟で代わる代わる看病しながら、季節は秋に近づいていた。テレビに大相撲の秋場所が映っている。8場所ぶりに復帰した貴ノ花が土俵に上がっていた。この時、父が手を差し出してきた。僕は握り返してハッとした。父の握る力があまりにも弱くて、そこにほんのわずかな生命しか感じられなかったのだ。それでも父の手は柔らかく、温かかった。そして、ある明確な意志が否応なしに僕に流れ込んできた。僕はそれを読み取ることに抵抗した。母の時と同様に、父はよくなると思い込もうとした。「貴ノ花、強いね」と僕が言うと、父はいつもの柔らかな笑顔で少しうなづいた。

父の肺炎はいよいよ悪くなり、咳が止まらなくなっていた。そのため、医師は安定剤や睡眠導入剤を投与することに決めた。寝ていると父も楽そうだった。この時点で父がよくなるという可能性は、医師がいくら大丈夫を繰り返しても全く感じられなくなっていた。見舞いに来た叔父も「病院側の治療方針が間違っていたのではないか」と問い詰めたが、病院は「善処している」としか答えない。

2001年10月5日に父は死んだ。入院する前は腫瘍が見つかったとはいえ元気だった。入院してから病気になったようなものだ。父の治療は失敗した。原因は何なのか？　判断ミスか？　治療内容のミスか？　誰のミスか？　何度も「大丈夫です。よくなります」を繰り返していた医師の顔が頭に浮かぶ。僕は医療に関しては全くの素人だ。それでも父の治療を巡って、拭いがたい疑念が心の中に広がるのは防げなかった。父は入院していなければ、今も元気に仕事をしていたのではないだろうか？　検査を受けなかったら、今も幸せだったのではないだろうか？　僕は病院という存在を全く信用できなくなっていた。

父の葬儀は母と同じく無宗教の献花方式で行った。僕が喪主を務めた。会場では再び「アダージョ」を流した。夜、久米宏、麗子夫妻が来てくれた。久米さんは「お父さんとの仕事は楽しかったよ」と言ってくれた。親戚一同、朝日新聞社、かつての父の同級生らがそれぞれに偲ぶ会を開催してくれて、様々な人から父との思い出話を聞いた。父は巣鴨の染井霊園に父と母の名前を刻んだ墓石を用意していた。そこに二人の遺骨が並んで納められている。和田斉、和田栄子、大塚和、大塚公子、和田俊、和田亜紀。僕より上の世代は皆他界して、僕と弟だけが残された。

母は自宅で死に、父は遠い札幌で死んだ。母は最期を迎えるために帰宅し、父は早く治すために入院した。それぞれの判断にはたくさんのパラメーターが存在し、簡単にどちらがよいといった話はできない。でも、当時の僕は病院を否定した。体調が悪ければ寝ていればよい。その後はほとんど病院に行くことはなかった。だって父は病院に殺されたんだから。

第3章

躍進と急停止

父の死とMICADELICの活動休止

2001年のMICADELICのメジャーデビューアルバム「娯楽の殿堂」発売の1ヵ月前に父は他界した。僕は長男として喪主を務め、父の遺品の整理など、やらなければいけないことに対応していたが、どこかぼんやりしていた。父の勤めていた会社や友人、知人が父を偲ぶ会を開いてくれて、その都度僕は出席して挨拶をした。実は父はスチャダラパーのANIさんとSHINCO《シンコ》さんの松本兄弟の母親と高校時代の同級生だった。松本兄弟の母には父の同級生が開いてくれた偲ぶ会で会った。

父の死後にもかかわらず、僕はメジャーデビューの喜びで浮かれながら、制作やライブに忙しくしていたが、「娯楽の殿堂」は全く売れなかった。レコード会社側のプロモーションも宇田川町のビルの壁に大きな壁面広告が出たり、CDショップの袋にジャケットが使われたりといったメジャーらしい展開が少しあったくらいだ。

おまけに当時新人ライターだった磯部涼に『blast《ブラスト》』誌面で酷評されてしまう。当時、HIPHOPメディアは、日本のHIPHOPに関して育成目線での応援記事ばかりだった。

僕らは『blast』誌面で大々的に酷評された初の日本のHIPHOPアーティストかもしれない。そこで、僕が当時連載を持っていた『WOOFIN'《ウーフィン》』に反論記事を載せると、今度は磯部が『REMIX《リミックス》』で「彼らはそのうち消える」と書いてきた。酷評された内容にはいまだに納得いっていないが、磯部涼は優れたライターだと今は思うし、和解している。

父は自分の財産や身の回りの処理について詳細なメモを残していたが、その中には「森は堅実で信用できるが、礼は浮かれやすく、騙されたりしないかこの先が心配だ」という記述があった。こうして僕と弟だけの生活が始まった。弟はまだ大学生。僕も大学に籍はあったが、ラップ三昧の毎日だった。大学は5年目になっていて、「単位数的に卒業は無理」と言われてから行かなくなった。特に退学の手続きはしておらず、ただフェイドアウトしただけだった。「卒業だけはしてほしい」という父の願いを裏切っていたが、最早通い続ける動機が全くなかった。当時の僕は、父を亡くした悲しさをどれだけ実感していたか？　忙しくすることで鈍感になっていたとも思う。今後のことについて弟と喧嘩になることもしばしばあったが、弟はそんな僕に苛立っていたのだと思う。

デビューアルバムが鳴かず飛ばずの中、avexの担当ディレクターGさんから連絡があり、「直接会おう」と言われた。Gさんと会って話すと、「事務所を挟まずにやりたいことをもっとやりましょう！」と提案してくれた。僕は「P《ピー》-FUNK《ファンク》のミュージシャンたちとの共作をつくりたい」など、色々なアイデアを出した。元々ＭＩＣＡＤＥＬＩＣというグループ名はＧｅｏｒｇｅ《ジョージ》　Ｃｌｉｎｔｏｎ《クリントン》率いるＰ-ＦＵＮＫの中核バンド、ＦＵＮＫＡＤＥＬＩＣ《ファンカデリック》にならい、ＦＵＮＫをＭＩＣに置き換えたもの。憧れのバンドと共演できるなら、最高だと思った。すると、Ｇさんは「面白い！　それやりましょう！」と乗ってきてくれた。予算も用意できると言う。

僕は喜々として田儀さんに連絡して「ａｖｅｘがやる気になってくれましたよ！」と報告した。すると、事務所側は「レコード会社が勝手にアーティストと話すとは何事だ！」と怒ってしまい、あっという間に僕らはａｖｅｘを辞めることになり、ビクターエンタテインメントへの移籍が決まってしまう。同じ事務所のラッパ我リヤと餓鬼レンジャーがビクターに所属していてヒットを飛ばしていたので、僕らもその路線に乗れればと勝手に期待していた。ちなみに、この時も契約書を交わした記憶はない。事務所に任せっきりで自分では何も考えていなかった。

ビクターでは、２００３年にアルバム「ＩＴＳＥＬＦ《イットセルフ》」をリリースした。アルファ、三善善《みよしぜん》三《ぞう》さん、ラッパ我リヤのＱさん（後のＭｒ．Ｑ）、ＧＡＧＬＥ《ガグル》のＨＵＮＧＥＲ《ハンガー》とDJ MITSU《ミツ》 THE《ザ》 BEATS《ビーツ》らに参加してもらい、ＨＩＤＥＮＫＡ《ヒデンカ》、そして彼とＤＪオショウの郡山時代からの仲間である太郎といった懐かしいメンツで曲をつくった。ＣＤアルバムのリリースに合わせ、全国ツアーもしたが、やはりこれも全く売れなかった。ミュージックビデオの監督はＭＯＣＲＯＣＫが務めたが、いよいよメジャーらしい展開は見られなくなった。唯一、アーティストト写真の撮影の時に隣のスタジオにORIGINAL《オリジナル》 LOVE《ラブ》の田島貴男がいたことぐらいしかビクター的な体験はしていない。

事務所からは、いよいよ給料の打ち切りを告げられ、この先の展望も全く見えなくなった。僕は事務所から「裏方業に回ったら?」と言われ、事務所企画の異業種コラボCDアルバム「PHAT《ファット》 WAXX《ワックス》」のディレクターを一部担当した。この時、MICADELICと電撃ネットワークのコラボ曲「THE SHOW撃」を企画した。電撃ネットワークの皆さんとのレコーディングは楽しかったが、ディレクターらしい仕事は何もできていない。次第に事務所からの仕事はなくなり、MICADELICは池袋BEDというクラブでやっていたレギュラーイベントの中で活動休止ライブを行い、それぞれにソロ活動をしていくことになった。

ダメレコの時代

この時期、後の盟友となるMETEOR《メテオ》と出会った。彼は4歳下のラッパーで渋谷のHARLEM《ハーレム》というクラブでデモ音源を渡してくれた。音源を聴いたら面白いので、連絡するとすぐに仲良くなった。METEORの誘いで八王子のATOM《アトム》というラッパーの家に遊びに行った。この時、ろい（後の環《たまき》ROY《ロイ》）も紹介されている。ATOMはパソコンで自宅録音するシステムを持っていて、その場で曲をつくって録音した。これが僕には驚きだった。自分の家で曲をつくって録音できるのか！

早速、僕はDELLのノートパソコンとCUBASE《キューベース》という音楽制作ソフト、パソコンと音響機器をつなげるオーディオインターフェースとマイクを購入した。さらに、僕は「実際にソフトを使いながら覚えるほうが早い！」と思い、METEORとろいを呼んで、一晩中ラップを録音して遊んだ。彼ら二人は即興が得意で、ビートさえあればいくらでもラップできたので、毎日のように僕の家にラップをしにくるようになった。しかも、METEORはやたらと交友関係が広く、次から次に新しいラッパーを僕の家に連れてきた。

「ダースレイダーの家ならいつでも好きなだけラップできるよ」

METEORの誘いでKEN《ケン》 THE《ザ》 390《サンキューマル》、COMA《コマ》-CHI《チ》、大和民族、TARO《タロー》 SOUL《ソウル》、EI《エイ》-ONE《ワン》、はなび、ガスケン、カルデラビスタ、こまめ、チャカパーンといったラッパーが次々にラップしに来た。気がつけば、僕の家は朝から晩まで誰かがラップしている道場のような環境になっていた。台所にマイクを立てて録音した曲もどんどん溜まっていった。メジャー契約も切れ、今後どうするか迷う間もなく毎日が本当に楽しかった。

2004年3月、友人でSUGAR《シュガー》 BITZ《ビッツ》というレーベルをやっている竹本雅史がウルトラ・ヴァイヴという流通会社の神保和哉さんを紹介してくれた。METEORとろいを同行してウルトラ・ヴァイヴを訪ね、「宅録曲がたくさんあるけど、どうしたらよいか」と相談した。すると、神保さんは「自主制作盤をつくって流通させればよいのでは？」と提案してくれた。つまり、自分でインディーズレーベルを立ち上げて、そこからリリースすればよいのだ。帰り道でレーベル名はDARTHREIDERとMETEORとろい、3人の頭文字D・M・Rを取ってDa. Me. Recordsにしようと決まった。略称はダメレコだ。僕とMETEORとろいの3人でライブする時は、そのままD.M.Rを名乗った。これは当時渋谷にあったレコード店、Dance Music Recordのもじりでもある。

こうしてできたD.M.R.名義のアルバムが「極悪がんぼ」だ。全曲宅録で僕の家に集まっていたラッパーたちとラップし、ビートは僕がつくり、ミックスも自己流でやった。とにかく音が悪いのだが、自分としてはPUNK《パンク》 ROCK《ロック》のレコードみたいで気に入っている。僕はこの時できたサウンドをガレージロックにならって、ガレージファンクと名付けた。ジャケットの絵も自分でクレヨンで描き、デザインは森忠昭に頼んだ。音源の仕上げにあたるマスタリングは、MICADELIC時代から依頼していた東京録音の塩田浩さんだ。

こうしてできた音源とジャケットデザインのデータを神保さんに渡したら、本当に自分たちだけでCDがつくれてしまった。無名のインディーズレーベルの作品だったが、これもＭＩＣＡＤＥＬＩＣ時代に培ったノウハウで雑誌などの媒体、全国のレコード店に売り込み電話をかけた。このＣＤアルバムはインディーズでＨＩＰＨＯＰにもかかわらず、珍しく『ROCKIN'ON JAPAN』のレビューページに載り、普段ラップを聴かないロックファンの手にも渡ったようだ。事務所やメジャーレーベルの力を借りなくても自分たちの作品をTOWER RECORDSなどの主要チェーンの棚に並べることができた。

また、当時の邦楽のＣＤアルバムの定価といえば、３０００円（本体）が相場だったが、神保さんに「定価はどう決めるのか」と聞いたら、「自分で決めてよい」と教えてもらった。そこで、みんなと相談してＣＤアルバムの定価は１０００円（本体）に決めた。誰も知らないラッパーのＣＤアルバムでも１０００円なら買うかもしれない。３倍売れれば、儲けはいっしょだ。そもそも３０００円は日用品としては高い。僕はダメレコのキャッチフレーズを「日常にもっと音楽を！」に決め、１０００円シリーズを立ち上げ、次々と僕の家に集まるラッパーのＣＤアルバムをつくっていった。そして、レコード店にインストアライブの企画を持ち掛け、お客さんだけでなく、レコード店のスタッフにも僕らのライブを見てもらい、応援してもらった。さらに、全国のレコード店に設置する店頭ポップも自分たちで描いて送るようにした。ＴＡＲＯ ＳＯＵＬは絵と字がうまかったので１００店舗分を彼独自のフォントで描いてもらった。

また、ダメレコのラッパーのライブが決まると、みんなで押し掛け、ステージに上がり、どこでもフリースタイルでラップした。ＭＣバトルのブームも来ていて、漢《かん》 a.k.a《エーケーエー》 GAMI《ガミ》が立ち上げたＵＭＢ（ULTIMATE MC BATTLE）をはじめ、あらゆるＭＣバトルにみんなでエントリー。そして、僕は活動の拠点としていた池袋ＢＥＤで店長のＪＯＭＯ君とともに３対３のチーム制ＭＣバトル「3 on 3 FREESTYLE MC BATTLE」のイベントも始めた。

そうした中で知り合ったビートボクサーの太華《たいか》さんとＴＡＲＯ ＳＯＵＬが「青空の下でラップしたい」と周りに呼び掛けた。彼らが企画した毎週日曜日の昼間の渋谷ハチ公前サイファーには、気がつけばラッパーやビートボクサーが何十人と集まるようになり、フランスのテレビ局の取材も受けた。ここにはＴＨＡ《ザ》 ＢＬＵＥ《ブルー》 ＨＥＲＢ《ハーブ》のＢＯＳＳ《ボス》 ＴＨＥ《ザ》 ＭＣ《エムシー》さんもふらりとラップしに来たことがある。今や当たり前になったラッパーのサイファー風景だが、大々的に日本で行われたのはこれが初めてだと思う。

様々な事象が同時に巻き起こる中、ダメレコはリリースを続け、TOWER RECORDSのインディーズチャートでも首位を取るようになった。全国を車で回ってツアーし、１０００円ＣＤアルバムを次々にリリース。２００６年には、ＣＤと雑誌をセットにした『月刊ラップ』を、ライターの高木〝ＪＥＴ〟晋一郎が編集長、ミュージックビデオもつくってもらっていた下城英悟さんがカメラマン、そして、森君にデザインを頼んで創刊し、毎月刊行した。定期的に開催していた3 on 3 FREESTYLE MC BATTLEもＤＶＤにまとめて発売した。さらに、僕は当時全く存在しなかった日本のＨＩＰＨＯＰだけをプレイするイベント「蝕」や若手のＭＣバトルイベント「ＺＥＲＯ」を仲間たちと毎月開催し、様々なアーティストをブッキングしてシーンを盛り上げた。

ダメレコの活動が広がりを見せる中、制作現場も僕の家の台所から明大前に借りた事務所兼スタジオに移った。気がつけばただ家でラップして録音していた毎日がレーベル運営やイベント企画、ブッキングから雑誌の取材まで多岐に渡るようになっていた。さらに、ダメレコはウルトラ・ヴァイヴから紹介されたエンジニアの奥田泰次さん（Ｏｋｕｄａ Ｓｕｐａ）がミキシングを担当してくれるようになった縁で、彼の紹介でできたばかりのａｖｅｘのマスタリングスタジオも使わせてもらえるようになった。また、奥田さんからインクストゥエンターの田村優社長を紹介された縁で、ＫＥＮ ＴＨＥ ３９０のメジャーデビューが決まり、音源はインクストゥエンターが制作することになった。そして、僕は外部ディレクターとして参加することになった。

ずっとアドレナリンが出っ放しの毎日だった。ところが、『月刊ラップ』がどんどん赤字になっていったことに加え、徐々にラッパーたちとの仲間感覚も薄れていくようになり、中にはレーベルを離れるメンバーも出てきた。そうした状況で明らかに僕は疲弊していた。慣れない事務作業に追われ、一つひとつの案件をケアし切れなくなり、周囲に対し、ぶっきら棒になっていた。しかもメジャー時代の反省もなく、ダメレコメンバーともちゃんと契約はしていなかった。経費を除いて売上を山分けするくらいしか決めない、勢い任せの遊びの延長のようなものだった。

それでも「前に進むしかない！」と2010年10月にリリースする予定の6枚目のソロCDアルバム「狼〜ガレージ男の挽歌」を制作しながら、「誰にも俺は止められない！」と強気にラップしたシングル曲「HOLD US BACK」をリリースした。

だが、その1ヵ月後、僕は止まってしまった。

世界がぐるりと周る

2010年6月23日。僕は青山のあるクラブで出番を待っていた。この日はイベント進行のMCだ。ステージに呼ばれる前にちょっと顔でも洗っておこう。そう思ってトイレに入り、鏡の前に立った時だった。本当にぐるりと部屋が縦に一回転した。

目の前の壁がぐわ〜っとすごいスピードで下がっていき、あっという間に足元に天井が来た。そして、またぐるっと回って元に戻った時には僕は床に倒れていた。

一体何が起きたんだ？　今度は床も壁もグワングワン揺れていた。

立ち上がろうとしてもまた倒れてしまう。なんとか洗面台に掴まりながら、再度立ち上がろうと試みる。揺れは収まらない。ただ、これは地震ではなさそうだ。僕の感覚、僕の認識が揺れていた。両手で洗面台に掴まっていたが、揺れはますます大きくなり、とても立っていられない。腰から下がガタガタ震えてきた。パッと手を離してみると、僕はまたバタリと床に倒れてしまった。トイレの中全体がグワングワン揺れながら、ぐにゃぐにゃに歪み始めた。

そうしているうちに、強烈な吐き気が襲ってきた。今までに経験したことのないような胃袋どころか内臓全体がひっくり返るような勢いで、「口から身体全体が吐き出されるのではないか?」とも言えるような激流が溢れ出た。一体僕に何が起きているんだ?

これは自分一人で解決できる状況ではない。

Quentin《クエンティン》 Tarantino《タランティーノ》の映画「レザボア・ドッグス」の中でハーヴェイ・カイテル演じるミスター・ホワイトとティム・ロス演じるミスター・オレンジの印象的な会話がある。腹部を銃弾で撃たれたオレンジをホワイトが車で運んでいる。「もう俺は死ぬ!」と血まみれになりながら叫ぶオレンジに対してホワイトは「お前は医者か? 素人判断するな」と返すのだ。「お前はオーケエイさ」とホワイトは重ねるのだが……。確かに僕も医者ではない。素人判断は早計だ。

そう判断した僕は外に助けを求めることにした。口を開いて声を出そうとしたが、うまく声が出ない。口元から涎《よだれ》と胃液が垂れてくる感触だけは分かった。もう吐き出すものも残ってなさそうだ。そして、もう立ち上がることもできない。

仕方がないので僕は、身体を思いっきり1回捻ってから、その反動で転がることにした。おお、行ける！　僕はゴロゴロと転がりながら、勢いよくトイレのドアにぶつかるとドアはパーンと開いた。僕はそのままゴロゴロ回転しながら、外に出ることに成功した。トイレに入ってからどれだけ時間が過ぎたのだろうか？　体感ではかなりの時間苦しんでいたが、もしかしたら数分だったかもしれない。

ダンスフロアの照明がギラギラと輝いている。大音量のＨＩＰＨＯＰ。ズンズンと低音が鳴り響き、お客さんがそれぞれに踊っている。僕には馴染みの光景だ。そうだ、いつも通りだ。一瞬僕はそんな希望を抱いた。でも、すぐに見慣れたはずのダンスフロアも歪み始めた。そもそも僕はトイレから転がり出てきて、床に仰向けになっていたのだ。いつも通りのはずがない。すぐに周りに人が集まってきた。楽しくみんなで踊っているところに突然トイレから人が転がり出てきたのだから、さぞかし驚いただろう。知り合いのスタッフの川原章吾君が駆け寄ってきて声を掛けてくれた。

「ダースさん、大丈夫ですか？」僕は声が出ないし、大丈夫でもない。なんらかの意思表示を試みたが伝わらない。

「急性アルコール中毒かな？　強い酒を飲んでいたのを見た人いる？　とにかく1回吐かせ

ちゃおう」と川原君は的確な指示を出したが、僕は酒を一滴も飲んでいなかった。そして、この時点で気づくのだが、僕からは意思表示ができないが周りの声はちゃんと聞こえていた。酒は飲んでない……。そう伝えようとしたが無駄だった。

川原君を中心に僕は抱え上げられ、再びトイレの中に連れ込まれてしまった。やっと外に出たのに……。水を渡され、口にしたが、状況は何も変わらない。便座の前で吐くように促されたが、僕はすでに体内のあらゆる液体を吐き出した後で、力なく顔を突っ込んだままぐったりしていた。川原君もトイレでは解決しないと分かったようで、今度は何人かで僕を担ぎ上げて、地下のダンスフロアからクラブの外まで運び出してくれた。フワッと身体が宙に浮いた感覚。この時だけ少し気持ちよかった。僕を担いでくれていた中の一人、ラッパーのZEUS《ゼウス》が「ちょっと気になります。危ないかもしれないです。俺のツレ、こういう症状で倒れたんですけど、そいつ脳をやられてたんですよ」と言ったのが聞こえた。

クラブの外の路上で僕は横たわっていた。川原君ら数人を残してみんなはクラブに戻っていく。何せパーティーは始まったばかりなのだ。その時、クラブの入口に1台の車が到着した。

「あれ、ダースじゃん？　どうしたの？」

この日のゲストのDJ KEN《ケン》-BO《ボー》さんとマネージャーのAPO《アポ》さんだった。川原君が事情を説明するとAPOさんは「そんなのすぐに病院連れてかなきゃ！」と言い、DJ KEN-BOさんを降ろしてから僕を車に乗せ、スタッフのラン君と近くの総合病院まで向かってくれた。僕が地上に出て5分も経っていなかったと思うので、救急車よりも早い対応だ。

ＡＰＯさんはクラブから近い総合病院の救急窓口に乗り付けると、看護師に掛け合ってくれた。すると、すぐに車椅子が用意された。人生初の車椅子だ。でも、このデビュー戦にワクワクしている余裕はなかった。ＡＰＯさんはラン君を残して、すぐにクラブへ戻っていった。

この辺りから僕の意識は途切れ途切れになっていく。ベッドに移され、看護師とラン君の会話が少し聞こえる。どんな状況だった？　アルコールは？　家族の連絡先は？　ラン君はただ付き添ってくれているだけなので、あまり答えられない。僕も口を開くがパクパク動くだけで、何も話せなかった。すると、何やら管を腕に挿入され、ずっとぐるぐると目が回っていたのが少し楽になったような気がした。そして、今度は別の部屋に連れて行かれた。僕は何やら大仰《おおぎょう》な機械に載せられ、頭から突っ込み、凄まじい轟音を浴びせられた。今度はまた別の部屋へ……。意識が飛んでいき、気がつけば僕は眠ってしまっていた。

目が覚めると僕は真っ白い病室にいた。目の前には青い服を着たおじさんがニコニコしながらしゃがんでいる。僕は起き上がろうとしたが、まだ目が回り続けていることに気づいた。そして、青いおじさんがゆっくりと語り掛けてくれる。非常に遅いテンポの喋りで独特の訛りがあった。

「おはようございます。和田さん、大変でしたね〜。色々と調べまして、少し状況が分かりました〜。これから時間はかかりますが〜。最悪の事態は〜、避けられたと思います〜」

一体僕には何が起こったのだろうか。青いおじさんの言葉を待った。

「和田さんが倒れたのは〜、脳梗塞ですね〜」

脳梗塞。僕の状況に名前がついた。世界がぐるりと周り、僕は脳梗塞になったのだ。

第 4 章

脳梗塞

33歳で脳梗塞を発症

脳梗塞。なんらかの原因で脳の動脈が詰まり、血流が途絶えることで、脳にダメージが生じ、様々な障害が起こる病気だ。字面がすでに威圧的で、なかなか大層な病名である。この病気は、脳のどの部分にダメージが起きたかで症状が変わる。僕の場合は小脳への血流が途絶え、平衡覚の感覚中枢に障害が起きていた。さらに、三半規管にも機能障害が起きていたようで、それに伴う回転性のめまいがずっと続いていた。実は一口に脳梗塞と言っても、言語障害、記憶障害、半身麻痺など、症状や重症度は様々だ。つまり、脳のどの部位にダメージが生じ、どんな症状が出るかは運だと言える。そんなことを青いおじさんはゆっくりと解説してくれた。

「和田さん〜、三半規管にダメージが出ていましてね。しばらくはめまいが続くと思います〜。まずは〜リハビリも含めて3ヵ月がんばりましょう。まだお若いので、きっとよくなっていきますよ〜」

僕はこの時、33歳。誕生日を迎えてレコードの33回転に合わせ、ライブで「いよいよ人生、回り始めました！」などと調子に乗っていたら、人生自体は急停止。その代わりに目がぐるぐると回り続ける羽目になったわけだ。山口百恵の「しなやかに歌って」の歌詞のごとく、33の回転扉をくぐって、しなやかに歌い始めるつもりだったのに……。

青いおじさんによれば、三半規管は両耳の後ろにあって、大体利き腕と逆が使われているそうだ。人間の身体はよくできたもので、片方の三半規管が故障すると、もう片方に機能を移行する。PCのデータをハードディスクに移行する際に、少しずつ進行度を示すバーが進むようなイメージだ。今、30％みたいに。僕の三半規管のデータ移行はまだ始まったばかりで、それが完了するまでめまいが続くという。この時、僕は脳梗塞ではあるものの、少なくとも説明を理解できていることを確認した。こうなったら、自分にできることとできないことを一つずつ確認していくしかない。

青いおじさんはNと名乗り、「自分は脳神経外科医である」と自己紹介してくれた。そして、「僕が今いる場所が脳神経外科病棟だ」と教えてくれた。まずは現在位置を確認。少しずつ状況を確認していく中で、まだできていないことが一つあった。それは妻との連絡だ。病院に運ばれてから僕は何度か「妻に連絡をしてほしい」と頼んだつもりだったが、その時は口から泡を吹くだけで何も言えなかったようだ。そんな状況でも、ベッドに横になりながらN医師の話を聞くことはできていた。めまいも落ち着いてきている。果たして僕は話せるのだろうか？

「はあ」

N医師の話を理解したという意味合いも含め、発声してみたが声はちゃんと出た。でも、少し話そうとすると、またまいでぐるぐると回り始める予感がした。そして、左腕を見ると点滴の管がつながれている。

「今、吐き気止めなどを点滴で流しています～。栄養も点滴で補給していますが～、すぐに食事も出ますから～、それもがんばって食べてください～」

「は……い」、一言ずつならなんとかめまいが起きずに話せた。続けて、N医師は「ご家族に連絡してください～。しばらく入院になります～。身の回りのものも必要ですし～、手続きもありますから～」と言う。枕元に小さな棚があり、そこにスマートフォンが置いてあった。右腕を伸ばしてなんとか手に取った。スマートフォンを開くと、メッセージボックスに妻からのメールがずらりと並んでいた。そもそも「イベントの司会に出掛ける」と言ったきり、家に帰っていないのだ。水曜日の夜に倒れて、今は金曜日の朝だった。音楽の仕事仲間には、妻の連絡先は伝えておらず、当日の現場には僕と妻の共通の知人もいなかった。

「何時くらいに帰ってくるの？」

「どうした？　ちょっと心配です」

「連絡ください」

電話も何度かもらっていたようだ。メールで返事をしようと思ったが、文字を打つのもなかなかしんどいことが分かった。あまり指に力が入らない。発声練習は済ませたと思い、電話するとすぐに妻が出た。

「今、どこ?」

僕はなんとか自分が脳梗塞になり、病院にいることを伝えた。

「ええ? 分かった。今からそっち行くよ」

この短い電話の会話だけで僕はどっと疲れてしまい、電話を終えると同時にまた眠ってしまった。しばらくすると看護師に起こされた。

「和田さん、体温測りますね」

ああ、これが入院というものか。そこで枕から起き上がってみると……。グワングワンと目が回り始めた。一気に吐き気がやってきて思わず手で口を押さえる。すると、横にいた看護師がさっと小さなプラスチックのバケツにビニールを敷いたものを手渡してくれた。

「気持ち悪くなったら、これに吐いてくださいね」

僕は耐え切れずにブワ～っとバケツに吐いた。一通り吐き切ると、看護師が慣れた手つきで飛び散った汚物を拭きながら、ビニールをさっと丸めて取り替えてくれた。なんとも機械的な看護師の動きは、僕の嘔吐という生物的な反応を際立たせた。「きっと入院している患者は皆吐きまくってるのだろう」と思ったが、同じ病室でゲーゲーやってたのは僕だけだった。吐いてもめまいはなかなか治まらない。ちょっと頭を動かすとすぐにひどくなり、吐き気がする。この時から僕は片時もバケツを手放すことができなくなった。バケツは友達、バケツは恩人。

「また吐きそうになったら呼んでくださいね」

看護師は枕元のナースコールの使い方を教えてくれた。これを押せば誰かが来る。不思議なもので助けが来る、と言われると、「なるべく押さないぞ！」というゲームが始まってしまう。これはプライドなのだろうか？「バスに乗っている人たちが、誰も自分からは『止まりますボタン』を押したがらず、結果全員乗せたままバスが終点まで行ってしまう」という中崎タツヤの漫画の『じみへん』を思い出した。フロイト、ラカン風に言えば抑圧に対する反応とも言える。こうした反応も僕の生命力を駆動させてくれている気がした。起き上がるとめまいがするし、吐くのも疲れるので、僕はまた寝てしまった。すると、昼過ぎに妻が1歳の娘を連れて現れた。妻は育休を取っていて、娘と二人で家にいた。

「今、先生の話を聞いてきたよ。しばらくはお休みだね。しょうがないよ」

妻は本当にサバサバした性格だ。このさっぱりとした語り口のおかげで、僕が急に背負うことになった脳梗塞というヘビーな看板が少し軽くなった気がした。

「ほい」

妻は寝ている僕の上に1歳の娘を置いた。娘はニコニコしながら、ハイハイで動き回る。僕は慌てて娘がベッドから転げ落ちないように手で支えた。娘はコロコロ転がりながら、「アハハ」と笑っている。娘がいると不思議とめまいはしない。

「この子いるんだし。早くよくなろう」

「そうだね」

自分の今後についてなんら具体的なイメージが湧かなかったが、目の前でコロコロしている娘の存在が、僕の内側から小さな力を引き出してくれているのを感じた。

素人判断するな！

入院すると手続きが色々と必要だ。入院費の支払いもある。僕はろくに医療保険も入っておらず、国民健康保険のみ。収入も不安定なうえに、しばらく仕事ができないことが確定してしまった。妻は医師の説明を聞いたうえで、入院手続きを済ませるとともに、高額療養費制度に基づく限度額適用認定の手続きも進めてくれた。

「説明なんか難しかったけど、一応やっといたから」

その後も妻はいつもベビーカーを押しながら、アイスカフェラテを片手に涼しい顔で見舞いに来てくれた。全く慌てる様子もなく、平然としている。僕は妻のこのムードに随分助けられたと思う。

さらにこの日の夜は、僕が主催するダメレコのイベントの予定だった。ゲストに福岡からRAMB《ラム》 CAMP《キャンプ》というグループを呼んでいて、「昼頃渋谷に到着した」という留守番電話も入っていた。倒れた日のイベントにはダメレコメンバーは一人もいなかったので、誰にも連絡ができておらず、僕が急に音信不通になり、みんなバタバタだったらしい。急性アルコール中毒で入院したとの噂も流れていて、無責任な人だとも思われていたようだ。そこで、KEN THE 390に病状を簡単に伝えて、皆に連絡してもらうように頼んだ。

すると、ちょっとしたハプニングが起こった。この時、後輩が慌ててTwitter（現・X）に僕の入院先だけでなく、病室番号まで入れて、「ダースさんのお見舞いに行くべし！」とツイートしてしまった。KEN THE 390が気づいてすぐに削除させたからよかったが、知り合いでもない人がどかどかやってきたらさぞ大変だっただろう。さらに、KEN THE 390はインクストゥエンターの田村社長にも連絡してくれて、僕の予定を辿って、出演キャンセルなどの手続きも進めてくれた。僕はインクストゥエンターの外部ディレクターとして雇ってもらっていたので、スケジュールは会社に管理してもらっていた。そのおかげで面倒な事務作業は任せることができて助かった。直近では入院翌週に小籔千豊《こやぶかずとよ》さんのイベントにラッパーの般若とともに呼ばれていた。完成していた自分のアルバムのリリースに向けての作業も丸々残っていたし、夏には主催のものを含め出演イベントが多数予定されていた。

脳梗塞で緊急入院して実感したことだが、周囲への連絡、報告がとにかく大変だった。僕のように当事者が動けないこともあるだろう。家族、友人、知人、仕事仲間。人との関係は網の目のようにつながっているがその隙間もある。さらに、病気は時や場所を選ばずにやってくる。たとえ、万全の準備を常にしているつもりでも、追いつかない事態はいくらでもあり得る。むしろ、予定通り物事を進めていくという〝人間社会〟の常識は、仮初《かりそめ》のものに過ぎないということなのだと思う。

さて、入院してから最初の2日間は食事が摂れず、丸々点滴のみ。3日目からは食事が出てきた。ただ、しばらくの間食事については、食べ終わった直後にほぼすべてを吐いてしまっていた。しかし、不思議なことにカレーだけは一度も吐かずに完食できた。病院では水曜日の昼はカレーと決まっていて、チキン、ビーフ、キーマ、変化球でハヤシライスも出た。僕は多い時には年間300食ほどカレーを食べ、『東京ウォーカー』のカレー好き100人に選ばれるほどの無類のカレー好きだが、カレーはこんな時でも僕を裏切らず、体内に留まって僕に力をつけてくれた。カレーは友達、カレーは恩人。

僕は入院するにあたってリハビリもできるだけやって、出された食事はすべて食べようと決めていた。検査もすべて受け、提案された治療法はなるべく受け入れようと思った。それには理由がある。父の死で病院不信になり、病院に行くことはほとんどなかったという話をしたが、実は父の死以降健康診断を一度も受けていなかった。やむを得ず、近所の内科に風邪薬をもらいに行くようなことはあったが、検査というものはすべてスルーしていた。そのため、医師が入院してから脳梗塞に至った経緯や原因を検証しようにも全くデータがなく、僕の病気の診断が非常に難しいことが分かった。

実は予兆はあった。そもそも倒れる数ヵ月前からずっとひどい肩こりに悩まされていた。痛みが耐え切れない時は柱の角などに肩を押し付けてごまかしていた。あまりにも肩こりが続くので、病院嫌いにもかかわらず、倒れる3日前には近所の整形外科に診てもらっていた。しかし、肩周りのレントゲンを撮影しても、異常はなかった。実際問題があったのは脳だったのだ。振り返ってみると、脳と関係あるかは分からなかったが、視界不良もたまに起きていた。車の運転中に中央線が二重に見えたり、信号機の信号がずれて、赤や緑の丸が二つに分かれて見えたりするようなこともあった。ああ、疲れているな……。僕は勝手に自分を診断していた。ホワイトが振り返ってまた怒鳴る。

「お前は医者か？　素人判断するな！」

実際、僕はずっと疲れていた。疲れは休日、予定がない日ほど強く出る。不思議とライブやレコーディングなどで忙しくしていると疲れなかった。アドレナリンが出ていたからだろうか？　僕は「仕事をしてないと疲れちゃうんだよな」と、これまた都合よく自分を診断していた。全国あちこちへのツアーやレコーディングが昼夜を問わず続き、休むことすらままならなかった。そんなアドレナリンが出続けるような生活の中で、自分の体調だけでなく、気持ちもごまかしてしまっていたのだ。

ある晩、生まれたばかりの娘の寝顔を見ながら、全身に疲れが浸透しているのを感じたことがあった。視界もぼやけていた。「ああ、僕はこの子を産み出したのだから役割は果たしたのだ」と、これまた都合よく考えていた。

僕らの社会は安定を前提として日々のルーティンが組まれる。実際、予定表通りに物事は進んでいく。社会というシステムの内側にいると、秩序立った安定が当たり前だと思い込まされてしまう。そうした社会システムの中で一度病気になると、システムにうまく乗れなくなり、立ち止まることを余儀なくされる。そして、僕らが当たり前だと思い込んでいる常識も一変してしまう。

僕は病気という経験の中で、「世界はそもそもデタラメなのではないか」ということに気づくようになった。一見秩序立っているかのように見える人間社会は、僕らに考えることを忘れさせ、現実を直視しないように仕向ける。安心安全な社会の内側に籠ることで世界について疑うことを停止させてしまうのだ。人間社会の前提となる秩序や安定を当たり前だと思うということは、デタラメな世界に浮かぶ小さな島で生活するようなことだ。病気で一瞬その島から弾き出されてしまったことで、僕はそうした事実に気づいてしまった。つまり、これまでの僕は単に現実逃避していただけだった。自分に起きていることを直視せず、仕事や子供を言い訳にしていた。そんな時、母親に怒られたことを思い出す。

「ごまかすな！」

インスリン注射を身につける

僕自身の都合のよい解釈とそれに伴う検査データの不在のせいで、治療方針を立てる際に医師が困ることになった。脳梗塞だったのでまずは脳神経外科に入院したが、内科の医師は「循環器系の疾患だ」という見立てをつけた。脳神経外科のN医師が「自分たちで責任を持って治療しますね～」なんて言った次の日には、内科医が来て「僕たちが担当します！」と言ってくる。とんねるずの「ねるとん紅鯨団」で次々に告白されているようなものだ。僕はちゃんと治療してくれるならどこでもよかった。そもそも診療科の違いすらよく分かっていなかったのだが。

その後、医師たちの協議の結果、僕は内科に転科することになった。さらに、諸々の検査を経て血糖値の高さなどから、脳梗塞の合併症が判明し、糖尿病内科に転科した。

するると、ある朝糖尿病内科の医師が二人やってきて、「インスリン注射を自分で打つ練習をしてほしい」と言い、注射器を渡された。医師二人組はコンビで説明するスタイルで交互に話してきた。「糖尿病が進行しているので、膵臓の機能が弱っている。血糖値の上昇を抑えるために膵臓から分泌されなくなったインスリンを注射で補う必要がある」という説明を受けた。ちなみに、糖尿病には生まれつきインスリンの分泌が弱い1型と生活習慣病が進行した結果としてインスリンが分泌されなくなる2型がある。ここでも僕のデータが少な過ぎてどちらか判断することができなかった。医師コンビは「1型である可能性が高い」と見立て、「阪神の岩田稔選手もがんばってますよ！」と最後は二人でドヤ顔で言ってきた。多分彼らの必殺フレーズだったのだろう。僕は全く野球に興味がなく、岩田選手のことも知らなかったので、キョトンとしてしまった。彼らは僕の顔を見て空振りした後のような憮然とした表情をしたので僕は「治療に影響しないだろうか？」と心配になった。

医師から手渡された注射器本体はペンのような形状をしていた。透明な目盛りがついており、胴体部に透明な液状のインスリンが入っていた。注射器の上端には回転式ダイヤルがあり、これを回して注射するインスリンの量を調整する。一方、注射器の先端には1回ごとに交換する注射針のカートリッジの取り付け口があった。医師からは食事ごとに打つ即効性の注射と朝1日1回のゆっくりと血糖値の上昇を抑える遅効性の注射の2種類を処方された。痛みを感じにくい脂肪がある腹や腕の各部位にブスリ。人間の痛覚は日々変わるらしく、運がよければ全く痛みを感じないのだが、たまにやたらと痛い〝秘孔〟を突いてしまうことがある。これは小さな運試しとして毎朝の始まりの儀式になった。

針を刺したら、注射器本体のボタンを押してインスリンを出し、10秒ほど待ってから抜く。刺した場所をアルコールで消毒し、使い終わった針を外して針入れに入れて廃棄する。慣れると簡単だ。数日練習期間が設けられたが、問題なく習得できた。簡単な技術とはいえ、新しい技を覚えるのは嬉しい。レベルアップ、インスリン注射を身につけた！　しかし、僕の病気の原因が分かりつつある中でも、脳神経外科医は「外科的要因で脳梗塞になった可能性が否定できない」と言い、しばらくはそれぞれの診察を受けることになった。その後もめまいと吐き気はしばらく続いた。この間、ずっと嵐の中を小舟で航海しているような気分だった。僕は点滴を杖代わりに、バケツを抱えてとにかく耐えた。すると、入院から3週間経ったある日、三半規管のデータ移行が終わったのか、嘘のようにめまいと吐き気がピタッと収まった。

これも僕自身が自分から逃げてきたことから起きたことだ。だから、今回の入院で自分が目を背けてきた現実と向き合うことを決めたのだ。かかってこい！

第5章

片目のダースの叔父貴

レベル1の病人

「かかってこい！」とカッコよくファイティングポーズを取ったのはいいが、その瞬間に僕はふらつき、思いっきり嘔吐することになる。そう、僕は病人としてはレベル1。まだ村の勇者ですらない。入院後、最初の3週間は嵐の中を小さな舟で航海しているようなものだったが、その間にも色々な出来事が起きた。僕はその一つひとつをゲームの如くクリアすることで、経験値を貯め、病人としてのレベルを上げることに専念した。「ドラゴンクエスト」では、レベル20の遊び人は賢者に転職できる。それと同じ要領で、レベルアップした病人は何かに転職できるに違いない！　そう信じ込み、自分を鼓舞した。

入院当初は頭がグワングワンと揺れるので立つことも難しく、歩行などもってのほかだった。僕の最初の冒険は、ベッドから歩いて15歩ほどの距離のトイレに行くこと。気持ち悪くなるので頭を上げないようにしながら、点滴スタンドを杖代わりに数歩の距離を倒れるようにしてなんとか進む。途中で何度も倒れてしまったが、その時は看護師の助けを借りることになる。結局、一人でちゃんとトイレに辿り着くのに1週間かかった。この時は、トイレの扉を開けた瞬間に心の中で「ゴール!!」と叫んだ。脳内でゴールインのファンファーレが高らかに響く。でも、せっかくのゴールインも吐き気が先行してしまい、もうどこから何が出ているのかさえ分からない状態だった。

ちなみに、一人でトイレに行けない時期は、病院側からオムツを与えられた。趣味でお金を払ってオムツを穿く人もいるだろうが、この年ではなかなかない体験だ。便意を催したら看護師を呼んでくださいね、という前提だったが、僕の中にあるチャレンジ企画が浮かんだ。オムツの能力を試してみたい……。そこで、尿意を催した時にあえて看護師を呼ばずにオムツの中で放尿を試みた。どれくらい持ち堪えられるのかな？　そんなゲーム感覚だったが、思いのほか大量に出てしまった。あっという間にオムツは決壊。ズボンもシーツもグチャグチャになってしまった。看護師がやってきて無言で処理してくれている間、僕はかなりしょんぼりしていた。これも一つのレベルアップだ。

最初の数日はそんな僕を病院側も優しく休ませてくれていたが、医師から「ずっとこのままではいけないので、リハビリをしてください」と言われた。医療におけるリハビリは3種類。運動器のリハビリである理学療法、日常動作の身体的、精神的なリハビリである作業療法、そして言語聴覚のリハビリである言語療法だ。脳梗塞患者の場合、脳のどの部位にダメージを受けたかによってこの3種類の療法のうちどれに重点を置くかが変わってくる。僕の場合、言語や記憶の障害はなかったので、言語療法は最初に少しやっただけだった。同じ部屋の患者でも症状は様々だ。毎朝の新聞を使いながら、日付や前日の食事内容、出来事の確認、そして、記事を読みながら、字や言葉の認識の確認をしている方もいた。どの部位がダメージを受けるかは完全に運次第。僕が言語療法を免れたのはたまたま運がよかっただけで、今自分が自力で生活できているのも偶然の産物だと意識するようにしている。

僕の場合、三半規管の異常でバランスが取れなくなり吐き続けていたので、まずメインとなるのは理学療法だった。担当の看護師Aさんは、小柄で大変陽気な女性で部屋に入ってくるなり大声で挨拶！　笑顔で「よし、どんどん動きましょうね！」と言ってくれた。僕も釣られて「よし！」と言いながら立ち上がろうとするとふらついてしまう。

「時間はかかりますよ！　ちょっとずつでも自分から動こうと思うのが大事です」

彼女は、ベッドにへたり込む僕にまた笑顔と大声の合わせ技を繰り出してくる。リハビリを行うフロアは別の階。歩くことすらままならない僕は車椅子で運んでもらうことになった。そもそも僕は、まだ自分のいる階から医師の許可なしでは移動すらできなかった。

歩くというマルチタスク

人生初の車椅子生活。また経験値が上がったようだ。なんとか車椅子担当の看護師に座らせてもらった。すると、「位置について、よーい……」と心の準備をする間もなく看護師がフルスロットルで押し始める。この担当はベテランで、病院の地図が頭に入っているのか、すごいスピードでぐんぐん進んでいく。カーブもスピードを落とさずに曲がり、この荒過ぎる運転にはかなり参った。僕はこの人を〝ワイルドさん〟と呼ぶことにした。病院には患者や見舞い客が通る一般道と医師や看護師が使う裏道がある。ワイルドさんは、一般道だろうと裏道だろうとお構いなしに人を掻き分けて進む。ないはずのクラクションを鳴らしながら、心のアクセルもベタ踏みだ。何せワイルドさんには次々時間通りに運ばなければならない患者の行列ができているのだから。

リハビリ開始時間には必ず間に合うのだが、到着した瞬間に気持ち悪さで吐いてしまうことが何度もあった。着いた瞬間に吐いてグロッキーになった時は、とてもリハビリどころではないのでギブアップした。すると、そのままワイルドさんの運転で病室まで戻ることになる。当然、部屋に戻るとまた吐いてしまう。一度は車椅子も無理だと伝え、担架に乗せてもらって帰ったこともある。もう勘弁してほしかった。しかし、それでも毎回ワイルドさんが部屋に迎えに来る。入院期間中、一番の難敵はこのワイルドさんだったかもしれない。

Aさんは、そんなヘロヘロ状態の僕をいつも笑顔で迎えてくれた。ギブアップして帰る時も笑顔で「オッケー！　今回はお休みしましょう。少しずつ、やれるところまで。それで大丈夫！」と送り出してくれた。そんなAさんから与えられた最初のタスクは「立つ」ことだった。まずは、点滴スタンドを持ちながらとりあえずまっすぐ立ってみるが頭が回る。その後、点滴スタンドなしで立ってみると、急に不安定になり、足元が揺れ動く感覚があった。すると、足元の揺れによって地面との距離感がギュンギュン変わり、倒れそうになるところをAさんが支えてくれる。結局、最初の1週間は満足に立つことすらできなかった。人間は二足歩行になり、手が空いたことで様々な道具を使えるようになった。そこで、僕は自分のリハビリを人類進化の再体験である、と位置付けることにした。そう、生物はそんなに簡単には進化しない。僕がすぐに立てないのもまた当たり前のことである、と。

僕はどうにかふらつきながらも立てるようになった。そこで、第2の目標は「歩く」こと。Aさんが3mほど離れた位置に立って、「ここまで歩いてください」と言う。もう僕の進化は始まっている。止まらない、止められない。「そら！」と歩こうとして重大なことに気づいてしまった。

「そもそも歩くってどうやっていたっけ？」

足を前に持っていけばよいのは分かる。でもどっちから？　「足を前に」と言うけどどうやって？　あ、確か膝って曲げていたよね。あれ……。僕は完全に止まってしまった。歩き方が分からないのだ。どうやって歩いていたのかを完全に忘れてしまっていた。でも、身体を前に進めていくのだけは確かなので、「えい！」と前に足を出したが、今度は出した足をどう操作すればよいのか分からず倒れてしまう。

すると、Aさんがゆっくりと横で歩き方を見せてくれる。踵を少し蹴るようにして片方の足を前に出す。そして、少し膝を曲げて踵から地面に接地したら、着地した勢いでもう片方の足を出す。なんて複雑な動作だろうか。特に足を上げて前に出す動作と足を交互に動かす動作が大胆過ぎて踏み出せない。僕はなかなか足を上げることができず、仕方なく摺足でごまかした。でも、これはやはり「歩く」感覚とは違う。なんとか足を地面から離して前に出してみるがまた止まってしまう。すると、Aさんが声を掛けてくれる。

「ちょっとずつ。ちょっとずつ。ところで、歩く時手はどうしていましたか？」

え？　手も使っていたっけ？　そんなマルチタスクを当たり前にやっていたのか、僕は……。手を動かしてみると、足を上げた側と同じ側の手が自然と前に出る。あ、これは逆だった気がする……。そこで、反対側の手を動かしてみる。ゆっくりと考えながら身体を動かしてみると、どうやらこれは僕がかつてやっていた歩くに近い感覚のようだ。なんとか一歩踏み出して二歩目につなげる。これだ！　ちなみに、ここまで来るのにおそらく3日ほどかかっている。こうして僕は新たなスキル歩くを手に入れた。ただ、しばらくは点滴スタンドなしには使えないスキルだったが……。

リハビリの日々

歩くの後は「曲がる」動作を身につける。３ｍほど歩いてから90度曲がってまた歩く。これも以前は日常的にやっていたはずの動作だ。ところが、これも難易度が高かった。曲がるポイントまでなんとか辿り着いたものの、曲がり方が分からない。身体の向きはどうやって変えていたのか？　最初は歩いた勢いでそのまま向きを変えようとしたが、身体が傾いて転んでしまった。次は一度止まって足の裏を少しずつずらしながら方向転換する。だが、どちらも僕がこれまでやっていた曲がる動作ではない。足と腕を動かしながら腰を回し、重心を変える、という連続した動作を身につけるのに１ヵ月ほどかかった。

階段を「昇る」のも難しかった。もっとも基本的な動作は足を上げることだが、バランスが取れていないと足を上げた瞬間にふらついて倒れてしまうのだ。試行錯誤の結果、上げた側の足を、すぐに一つ上の段に降ろすことができるようになった。この動作によって倒れるのを回避できるようになったが、また動きが止まってしまう。次、どうするんだ？　また分からなくなる。そして、反対側の足を上げて降ろしてみる。すると、同じ段に足が揃った。あれ？　昇るってこれだっけ？　何か違うぞ。そうか、一段飛ばしだ。右足で一段昇ったら次は左の足。これを二段上げる。実は二段足を上げるのは大変な動作だ。右足で一段昇ってから思い切って左の腿を跳ね上げる。左足がぐーんと上方に動くのが分かった。この時、右足を着地させた勢いが加味されて身体を押し上げてくれる。左足が二段上に着地して身体が引っ張られるような感覚はまさに宙を「昇った」ようだった。

続いて、左足を着地させた勢いを借りながら、右足を上げる。身体全体の歯車が噛み合い、次々と骨と筋肉と神経が連結していく感覚。ガシガシッとパズルがハマるような快感。ここでようやく僕は、リハビリ器具である三段の階段の一番上に文字通り躍り出た。この時、目の前に広がった景色は今も忘れられない。いつものリハビリ室が眩い光に溢れていて、まるで雲の上にいるようだった。「人間の身体の仕組みはすごい！」という感動ですべてがキラキラして見えたのだ。こうして僕は昇るを身につけた。

リハビリが進むと平均台の上を歩くなどといったハイレベルなタスクが増えていく。Aさんは最初のストレッチから明るく声を掛け続けてくれて、最後は「お疲れ様！　よくがんばりました！」と送り出してくれた。退院してからも近くの病院で理学療法のリハビリは続いたのだが、Aさんのエールを思い出すことで続けられたと思う。

歩き方、曲がり方を少しずつ身につけた僕はある日、別の階で心臓などのエコー検査に呼ばれていた。そこで、ワイルドさんが迎えに来る前にパッと部屋を抜け出し、そっとエレベーターホールまで行ってみたくなった。僕にとっては部屋から10mほどの距離を踏破するのも冒険だ。エレベーターのボタンを押して目的の階まで一人でエレベーターに乗る。エレベーターの扉が開くだけで明るい光が向こうから差してくる。久しぶりのエレベーターで降りていく感覚もすごい快感だ。そして、検査室までヨタヨタ歩いて行く。病院の廊下がとても輝いて見えて床もなんだかふかふかだ。そして、受付に着くと何事もないかのように名前を名乗る。待合室に通され、しれっと座って待つ。呼ばれたら検査を受ける。こうして検査室を出ると、ワイルドさんが車椅子を持って待っていた。

「勝手に行ったんですか！　ダメですよ。まだ他の階への移動は許可されていません！」

「すみません。待っていたけど来なかったので……」

僕はペコっと謝るとワイルドさんの車椅子に乗り込んで、またラフなドライブで病室に戻った。部屋に帰ると担当の看護師が師長にひどく怒られていた。申し訳ないな、と思ったが、一人で検査室まで到達するという大冒険をクリアした僕は、自分がレベルアップした喜びを全身に感じていた。最初は真横にあるトイレまで行くのすら大変だったのだから。

作業療法を担当してくれたBさんは、切長の目をしたクールで物静かな方だった。最初は部屋で挨拶。「身体の様子を確認するのでマッサージしますね」と言うと、スッと僕の背中側に周り、身体をピタッと密着させてきた。うわ、なんだろう！　この感覚は！　残念ながら僕の生命力は、この時点では限りなくゼロに近かった。動くとすぐに吐いてしまう状態だったので、喜んでいる余裕もなかった。Bさんは、とても優しいタッチで肩から背中をゆっくりとさすってくれた。このサービスに多額のお金を払う人もいるだろうことは想像にかたくない。そもそもマッサージはぐいぐい押したり、伸ばしたりというイメージだったが、Bさんの施術はとにかくソフトタッチだ。それでも身体がじわーっと熱を帯びていくのが分かった。涸れ果てていた生命の泉にぽちゃんと水滴が一滴落ちてきたような感覚だった。

Bさんのリハビリでは、握力測定や筋力測定をはじめ、パチンコ玉を摘む、キャッチボール、字を書く、パソコン画面の文字を読み、キーボードを使うといった作業を毎日のルーティンとして消化した。僕の場合、麻痺はなかったが、どうやら身体の左側の筋力が全体的に弱くなっていることが分かった。握力も15kgに届かないくらいになっており、10kgのダンベルを持ち上げるのでさえも苦労した。Bさんはいつも落ち着いていて喋り方もゆっくり。でも、この時はダンベルが持ち上がらず苦労している僕に対し、少し力を込めて「娘さん、今1歳ですよね？体重も10kgくらいだと思います。娘さんを抱っこするためにも、まずは10kgのダンベルを持ち上げることを目標にしましょう」と言ってくれた。最初の見舞いの時にコロコロと僕の上を転がっていた娘。この子を抱っこしている風景をイメージすることで、リハビリの道筋がくっきりと見えた。

左目の失明

作業療法自体は全体的にスムーズだったが、問題になったのが視力だった。吐き気とめまいが続いているうちは、そもそも視界自体が定まらなかったが、症状が治まってからも視界は安定せず、パソコン画面を見るのも大変だった。視力が落ちたせいで、物を掴んだり、ボールをキャッチしたりするなどといった行動でも距離感が掴めなかったが、僕はいずれよくなるだろう、と高を括っていた。

しかし、視野の悪化が僕の手には負えないものになっていることを実感する出来事があった。ようやく吐き気が落ち着いてきた時のこと。吐き気があるうちはそもそもテレビを観ようとも思わなかったが、隣のベッドの患者さんのテレビを眺めていると、「スターウォーズ特集！全6作品一挙放映！」という宣伝が流れていた。病院ではテレビを見るのにカードの購入が必要だったが、「これは観たい！」と思って1000円のカードを購入し、エピソード1の放送時間にテレビをつけた。映画の冒頭、クワイ＝ガン・ジンとオビ＝ワン・ケノービが通商連合の船内で戦うシーンが始まると、僕は思い切り吐いてしまった。何度も観ていたお馴染みのシーンだったが、キャラクターの動きを追うだけで気持ち悪くなってしまうのだ。駆けつけた看護師に「視野がおかしい」と伝えるとすぐに眼科の診察となった。

脳梗塞は血液がドロドロになって脳の血管が詰まり、血液が行き届かなくなることで障害が起こる。僕の場合、網膜の周りの毛細血管にも同様のことが起きていた。この状態が続くと、網膜組織が酸素不足に陥る。病気になると様々な人体の不思議にも新たに気づくことになる。実は、人体は血管が詰まり、酸素不足になると、新しい血管をつくって血液を運ぼうとするのだ。これを新生血管という。「すごい機能だ！」と思うが、そううまくはいかない。急拵《こしら》えの血管なのですぐに破れてしまい、あちこちで内出血を起こしてしまうのだ。加えて、眼球周りの新生血管が内出血を繰り返すと、それが視神経に損傷を与える原因になってしまう。僕の場合、左目に視野欠損が起きていて、視界の中央部が真っ白になり、その周縁部は歪んでいた。

さらに、右目の周りにも新生血管がたくさんできていて、緊急の処置が必要な状況だった。そこで、眼科担当のS医師は、レーザー治療を提案してくれた。この治療は網膜光凝固術《もうまくひかりぎょうこじゅつ》と言い、レーザーを使って眼の周りの新生血管を焼き、新たな血管ができるのを予防する。治療は眼球麻酔を点眼し、大きな装置に顎を乗せてレンズを覗き込むだけ。S医師が合図を出すと、ピカっと光が点滅して目にズキンとした鈍痛が走る。

「痛かったらこれを押して教えてください」

S医師はジョイスティックのようなものを渡してくれた。ピュンピュンとレーザー光線が飛んでくるのを、ジョイスティックを握りながらかわしていく。そんなイメージのシューティングゲーム感覚で治療に臨むことができた。複数回治療を受けたのだが、左目の視野は戻らなかった。視神経の構造は非常に複雑で、現代医療でもまだどの視神経が眼球のどの部分の機能を担当しているか、厳密には分からないそうだ。左目については、未来の治療に委ねることにしよう。一方で、右目の視力はむしろよくなった。角膜をレーザー治療するレーシック治療に近い効果があったのだろうか？　少なくとも右目の裸眼視力は、数値上かなり回復した。

退院後も左目が見えないのは確定した。しかも、左目を開けていると、視野欠損した白い部分が視界に混ざってきて少しぼやけてしまう。それならば左目は閉じるか、隠してしまうのがよ[illegible]き、眼帯をつけることにした。ただ、ネットを探しても眼帯は種類が少なく、医療用や海賊のコスプレのようなものしかない。そこで、服をつくっている友達に相談すると、余った生地などで眼帯をつくってくれることになった。友達は日常的に身につけるものから、ラッパーとしてステージに上がる時のものまで幅広く用意してくれた。僕にとって眼帯を選ぶのは服を選ぶのと同じ感覚だ。そして、今では眼帯が僕のトレードマークになり、「片目のダースの叔父貴」という異名を名乗ることになった。これはBUDDHA BRANDのラッパー、CQさんの歌詞「赤目のダルマの叔父貴」が元ネタだ。

僕のように眼帯が必要な人がいるかもしれない。そう思って今の事務所のマネージャー・野坂哲史君と相談して眼帯ブランド「OGK」(ORIGINAL GUNTIE KING)を立ち上げた。OGKは叔父貴を英語のアルファベットの発音でもじったもの。眼帯の用途は、僕のように視力を失ってしまった場合もあれば、ものもらいを隠したり、少し違ったオシャレをしてみたかったりでもよい。日常に気の利いた眼帯という選択肢があるのも悪くないだろう。眼帯は英語で「EYEPATCH」というが、GUNTIEとすれば、ネクタイの一種のようなニュアンスも出るし、GUN(銃)-TIE(結ぶ)で平和という意味も込めることができる。僕は左目の視野を失った代わりに、第三の眼が開眼することはなかった。しかし、眼帯というアイテムを手に入れ、新たなブルーオーシャンを見つけることができたのだ。これもまたレベルアップと言えるだろう。

病人、それはレベルアップの連続。いつか遊び人が賢者になるように……。僕も何者かになっていくのだろう。

第6章

病院という人間交差点

家族の見舞いと音楽の差し入れ

脳梗塞で病院に運び込まれ、糖尿病も発覚し、バケツを抱えての嘔吐生活、歩き方すら忘れてしまったところからのリハビリ、左目の視野欠損。字面で並べるとなかなかのハードさだ。これらの病気を発症した大元の原因が糖尿病。第4章では、僕のデータが少な過ぎて遺伝由来の1型か、生活習慣由来の2型かが分からなかったと書いたが、その後の検査によって、1型である可能性がかなり高いと言われた。僕が入院した時、すでに両親は他界していたので、遺伝的な病歴、特に父方の親戚に多かった糖尿病の対策を父から直接聞くことはできなかった。しかし、叔父や伯母が見舞いに来てくれた際に、一時期母が父にキャベツなどの野菜を大量に食べさせ、満腹感を感じさせていた、と聞いた。父は高血圧で血圧計を朝夕使って測っていたが、具体的な症状などは聞かずじまいだった。こういう会話も両親としておけばよかったとも思う。

これら様々な合併症に向き合うためには、自分を突き動かす力が必要だったが、一人で孤軍奮闘していたわけではない。最初は立つことすらできなかった僕を、家族をはじめとする多くの人が支えてくれた。友人たちも連日駆けつけてくれたり、連絡をくれたりと様々な形で力をくれた。脳梗塞で倒れた時は、まさにその場にいたＨＩＰＨＯＰの仲間たちに命を救われたわけだが、その後も色々な場面で救われ続けている。時にはぐいっと力強く引き上げてくれたり、立たせてくれたり、時にはふわっと包んでくれたり、支えてくれる。ぐいっと、ふわっと。この二つの力が様々な形で働いてくれているのだ。そんな入院時の印象的なエピソードをいくつか紹介しよう。

妻は長女を連れて何度も見舞いに来てくれた。先述のように、妻は僕が脳梗塞で倒れたことでとても大変だったはずだが、全く大ごとにしない。もし、妻が慌てふためいて「どうするの？」を連呼していたり、医師に食ってかかるようだったらどうなっていただろうか、と考える時がある。そんな妻だが入院時の印象的なエピソードがある。

「カマキリがいて見ていたら遅れちゃった」

そう言って、約束の時間を大幅に遅れることがあった。妻は虫を見つけるのが大変上手で、家族で歩いていても、すぐに路上の虫を見つけては立ち止まる。娘といっしょに立ち止まり、葉っぱを用いて虫を道路から逃がしたり、ゆっくり動いてるのを延々と眺めたりしている。僕は大雑把で目を粗く使う生き方をしてきたが、妻といっしょに歩くようになってからは、随分と世界の解像度が上がった。妻にとっては、僕の様子を病院に見に行くのも、野良猫を「にゃんこ先生」と名付けてその習性から教えを乞うのも、道にいたカマキリが鎌を構えるのに驚くのも、同じように大切なことで、世界で起きている一つの出来事なのだ。

一方、娘は妻に連れられ病室にやってくると、ベビーカーから同じ病室にいる脳梗塞の先輩たちにも笑顔を向けて無邪気に手を振る。すると、先輩たちも「こんにちは！」と挨拶をしてくれる。実は、僕は娘を挟んで初めて同室の他の患者さんとコミュニケーションが取れるようになった。病人はそれぞれに苦悩を抱えていて、自分の置かれた状況とそれまでの生活とのギャップにも苦しむ。それぞれに社会的立場もあるだろうから、同じ部屋といってもすぐには打ち解けるのが難しい。これは内科のほうが顕著な気がする。僕もバケツを抱えてゲーゲー吐いている間は周りとコミュニケーションを取る以前に、嵐の中で波に飲まれないように何でもいいからしがみついているような心境だった。脳梗塞の症状は様々で、自分に何が起きているのかを把握するのにも時間がかかるのだ。

弟には定期的に音楽を差し入れしてもらった。特に入院初期は、弟がiPodに選曲してくれた音楽が大いに僕を助けてくれた。回復度に合わせて色々な音楽を聴いていく。吐き気が続いて起きられない間は弟と中学くらいまでいっしょに聴いていた音楽でゆっくり脳と身体を回復させる。iPodには、The Beatles、The《ザ》 Rolling《ローリング》 Stones《ストーンズ》、Crosby《クロスビー》, Stills《スティルス》, Nash《ナッシュ》 & Young《ヤング》、The《ザ》 Doors《ドアーズ》、The《ザ》 Kinks《キンクス》などのロックが入っていた。そこから、Ella《エラ》

Fitzgerald《フィッツジェラルド》とLouis《ルイ》 Armstrong《アームストロング》のデュエットアルバム「Ella《エラ》 And《アンド》 Louis《ルイ》」やCarole《キャロル》 King《キング》やJoni《ジョニ》 Mitchell《ミッチェル》を染み込ませていく。なぜか、この時期に聴き直した音楽はボーカルの息遣い、ドラムスのハイハットの一つひとつまでじっくり味わえた。動けずにじっとしている身体にゆっくりと、ふわっと音楽が染み込んでいく、そんな聴覚体験だ。

　僕は弟の持って来てくれたiPodでずっと音楽を聴いていたが、ある日、お世話になっている流通会社ウルトラヴァイヴの神保さんがポータブルCDプレイヤーを持って来てくれた。神保さんは会社が近いから、と言いながら、何度も来てくれて、その都度様々なCDからトランジスターラジオの手づくりキットまで届けてくれた。その中でも、このCDプレイヤーは本当に助かった。こうして入院中の退屈しのぎに友達のDJ49（フォーティー・ナイン）に頼んで、自宅にある色々なHIPHOPのCDを定期的に持って来てもらえるようになった。

　HIPHOPの低音を無理なく身体が受け付けられるようになってからは、どんどんリズムに力をつけてもらっていく感覚だった。KEN THE 390と伊藤雄介（元・Amebreak《アメブレイク》編集長）が持って来てくれたEminem《エミネム》の「Recovery」は、脳梗塞で入院する直前に発売されたCDアルバムでテーマがまさに「回復」。きっとよくなる、というポジティヴな気持ちが込められた作品で、自分の状況に重ねながら聴いた。また、全国から見舞いに来てくれたラッパーたちがつくった音源もじっくり楽しむことができた。

病室でのフリースタイル

リハビリがある程度進み、歩くことができるようになってからは、病棟を何周も歩く自主トレーニングも始めた。この時は必ずThe Rolling Stonesの「Start《スタート》 Me《ミー》 Up《アップ》」から始めて、ぐいっとギアーを入れて色々なテンションの曲に合わせて歩く速度を調整していった。ただ、神保さんにもらったFELA《フェラ》 KUTI《クティ》のCDアルバムセットだけは入院中に聴けなかった。FELA KUTIに煽られながらのアフロビートは、寝ながら聴くようなものではない。「早く退院してFELA KUTIを聴きながら踊るぞ！」と決めた。

ダメレコの仲間のMETEORはすぐに見舞いに来て、大量の本を持って来てくれた。さらに、周りの人にも「ダースさんは読書好きだから、本を持っていけば喜んでくれる！」と、連絡を回してくれたので、その後しばらくは見舞いに来るラッパーはみんな本を数冊持って来てくれるようになった。本はすぐに山積みになり、ベッドの周りが図書館のようになっていった。それぞれが興味深い本だったのは間違いないのだが、入院後3週間はめまいと吐き気で読書どころではなかった。METEORはその後も定期的に来てくれていた。見舞いの品にはフルーツやお菓子などもたくさんあったが、糖尿病の治療が始まってからは、病院食以外一切口にしないように医師から指示されてしまった。それを知ったMETEORはまた連絡網を回す。

「ダースさんはもう病院食以外は食べられないけど水なら飲める！　みんな水を持っていこう！」

今度はベッドの周りに次々と水のペットボトルが並ぶことになる。大和民族のインダラとCUTEという後輩のラッパーの二人は、様々な銘柄の2ℓ入りペットボトルの水を大量に持って来てくれて、「飲み比べしましょう！」とドーンと置いていった。この時期は各地の天然水を本当によく飲むことができたが、とても飲み切れずに同じ病室の方々にお裾分けした。

ちなみに、最初のうちは糖尿病の食事制限での空腹になかなか慣れなかった。歩けるようになってからのある夜には、我慢できずにエレベーターでこっそり1階のコンビニまで降りて煎餅を1枚購入した。包みを開けていざ口に入れようとした瞬間、ずっと後をつけてきていた看護師に声を掛けられた。最初は脱走を疑われていたようだが、煎餅を買っている姿に思わず笑ってしまったそうだ。翌日から色々な看護師たちに「お煎餅、残念でしたね」と言われるようになってしまった。それでも僕は懲りずに、先輩ラッパーのヨシピィ・ダ・ガマさんからもらったチョコレートでコーティングされたプルーン、ラッパーのRAU《ラウ》 DEF《デフ》が持って来てくれたカレーパンを枕の下などに隠して看護師の目を盗んではちょっとずつ食べていた。

ＨＩＰＨＯＰにはヒューマンビートボックスというスキルがある。口でドラム音やスクラッチの音を鳴らす技術で、ＨＩＰＨＯＰの初期から存在している。ラッパーが路上でフリースタイルする時もヒューマンビートボックスの上でラップすることが多い。日本のラッパーでフリースタイルの現場を早くからオーガナイズしていたのが、ビートボクサーの太華さんだ。同じくビートボクサーで、池袋ＢＥＤの店長でもあったＪＯＭＯ君を連れて見舞いに来てくれた。この時、僕はまだ嘔吐しまくりの嵐の3週間の真っ只中だったのだが、太華さんはニコニコしながらパッと簡単な録音機材を用意した。

「じゃあ、ダース、今の気持ちをラップしてみよか！」

こう言うと、太華さんとＪＯＭＯ君はビートボックスを始めた。僕は俯き加減で喋るのも大変だと思っていたのが、不思議なことにビートに導かれるように口がパッと開き、ベッドの上でラップしていた。8小節ほどの短いものだったが、確かにラップはできていた。

「まあ、こんなもんやろな！　ラップできるんやから余裕やで！」

この病室は4人部屋。そこで、突然ビートボックスからのラップが始まるのもなかなか異様な光景だったと思う。脳梗塞患者のフリースタイルも貴重なのではなかろうか？　この時の模様は太華さんがやっていたネットラジオ「ブレス式」でも紹介されている。そして、ラップをすることで、感覚的にいくつかの脳内の回路がシュパンシュパンと接続されていった気がした。これにはかなりぐいぐいと引き上げてもらったと思う。

ラップを始めたばかりの頃からの友人たちもたくさん来てくれた。ラッパーのＨＩＤＥＮＫＡはスケートボードを持って病室に現れた。そのまま横に座ると、自分が仕事をクビになったことやそれでも新しい音楽をつくるモチベーションは高まっている、といった近況を話した。最後に「なんか君に話して元気になったよ！」と言って、立ち上がって帰って行った。驚くべきことに病院の廊下でスケートボードに乗ったらしく、看護師にめちゃくちゃ怒られている声が聞こえてきた。こちらの気持ちもふわっと楽になる。

仲間たちが織りなす生命のネットワーク

こうして病室は時に人間交差点にもなった。ラッパーをはじめとする音楽関係者以外にも学生時代の同級生や雑誌の編集者、テレビ制作会社の社長、ＢＭＸライダー、お笑い芸人に至るまで異なるジャンルやコミュニティの人たちが病人を中心に集まる。そこでの会話から意外なつながりや発見もたくさんあった。手紙や行きつけの店の店員さんや常連さんの寄せ書き、メールやＬＩＮＥ。病気、そして、病人がハブになって様々な人や話題が飛び交う。これは僕にとって入院の非常にポジティヴな側面だ。退院する日の朝にはＳＨＩＮＧＯ★西成さんとＤＪＦＵＫＵさんがレトルトカレーを大量に持って来てくれた。食事制限をしていても無類のカレー好きな僕にとって大団円のような気持ちにもなった。ぐいっと幕を下ろしてくれた瞬間だ。

僕は脳梗塞で倒れて、すべて失ったかと思った。確かに病気は一人で抱え込んでしまうものだ。ただ、病気の回復中や、病気とともに生きていかなくてはならない過程は、なかなか一人で対処するのが大変だ。僕の場合は特にそう強く感じた。こうした時、僕はなるべく抱え込まずに両手を広げ、外部にとにかく開いているようにした。病院の医師や看護師はもちろんだが、同じ部屋の患者たち、家族、友人、知人たち……。

実は、こうした周りからのサポートの源は、日々の何気ない仕事や行動で培われたものでもある。あの日の何気ない会話、あの時の笑顔、そうした日々の積み重ねが困った時の助けとなって現れる。僕が広げた両手の先から次々と色々な人の気持ちにつながっていき、僕を支えて持ち上げてくれる。この生命のネットワークとでも言うべき美しい網の目は、病気の時にこそ目に見えるようになる。そして、これが時にぐいっと、時にふわっと助けてくれるのだ。病気は一人で抱え込みがちだ。でも、その先も一人でいる必要はない。美しい網の中に身を任せていけばよいのだ。初めは馴染めなかった大部屋の他の患者たちやリハビリ室の患者たちともふわっとつながっていくことで、似た境遇のそれぞれの物語があることが分かる。そこからは映画「ジョーズ」におけるクイントとフーパーの傷自慢よろしく、お互いの病歴を少しずつお披露目しながら、最後は「お互いなんとかやっていきましょう！」と握手できるようになっていく。

嵐の3週間を抜け、歩き方から覚え直すリハビリを重ねるうちに、ワイルドさんの手助けなしでもリハビリ室に一人で行けるようになり、The Rolling Stonesを合図に病棟をぐるぐると歩く日課もこなせるようになった。入院していた病院はそもそも救急病院だったため、この段階の患者には新たな選択肢が用意される。リハビリはしばらく継続する必要があるとして、リハビリ専門の病院に転院するか、それとも退院して自宅から通院するか、だった。家に帰るという選択肢が医師の口から出た時は、腹の下のほうから上向きに力がぐいっと湧いてくるのを感じた。退院して帰宅する、その一択しかない！　帰宅できるかどうかは、通院先のリハビリ病院の判断に委ねられる。家から近い二つの病院への転院を打診した。まずは紹介状を用意してもらい、その後は直接面談することになった。ＤＪ４９に運転手を務めてもらい、彼の運転で僕は本当に久しぶりに病院の外に出ることになった。

7月末の日差しはとにかく暑かった。最初の病院の駐車場に着いて車を降りた瞬間に僕は本物の太陽の光のあまりの強さに思わずぐらついた。ＤＪ４９が慌てて支えてくれたが、それだけ病院内での暮らしは自然と僕を隔離していたのだ。でも、ここは集中だ。リハビリ病院でのテストがある。僕は体勢を立て直すと、リハビリ病院の門を叩き、面談を済ませ、平均台の上を歩き、自転車漕ぎをこなした。この時はミスが許されない。通院でよいと判断されるようにベストパフォーマンスを心掛けた。ライブでステージに上がるのと同じような気分だ。二つの病院でテストを済ませ、通院の許可が出た。コンビニの駐車場でＤＪ４９とコーヒーを飲む。

「ダース君、やりましたね！」

「ああ、もう二度とこんな体験はごめんだよ」

夕方には病院に戻り、18時の晩御飯が運ばれてきた。リハビリ病院から預かってきた書類を医師に届けると、翌日には退院、そして、自宅からのリハビリ通院が決定した。８月の暑く、晴れた日に僕は退院した。妻が「晩御飯はどうする？」と聞くので、家族みんなで食べられる熱いものがよい、と答えた。じゃあ鍋ね、と決まり、スーパーに買い物に寄った。肉や野菜を家族と選んでいたが、２階の売場に上がる階段で疲れてしまい、途中で座り込んでしまった。これが今の僕の力、僕の全力だと強く意識した。これからが大事。ここからが始まりだ。その晩のしゃぶしゃぶは今までのどんな食事よりも美味しかった。退院時には、もうしばらく入院はないだろうと思っていたのだが、そうはいかなかった。詳細は後半で記すことになる。

第7章

ド派手な病人

片目になって社会の視野が広がる

退院してからも大変ではあった。夏真っ盛りの時期で、病院という快適空間から出てみると、歩くのがまだ困難だった。晴れ、雨と天気は変わり、室内、室外で気温が違うといった当たり前の環境に、でこぼこの道、行き交う車や人々がもたらすストレス。病院がいかに保護された場所だったのかを改めて知ることになる。病院内でのリハビリで「もう大丈夫だ！」と思い込んでいたが、現実の世界はこちらの都合に合わせて優しくはしてくれない。

僕はまず杖を購入した。どうせならと、アフリカ風の装飾のついた木製のものやビリヤードの8ボールがついたもの、鷲の頭がデザインされたものを日替わりで持って歩くことにした。左目が見えなくなったことを周りに知らせるためにも、先述したように、友達に頼んで色々な生地で眼帯をつくってもらった。さらに、長期の入院で筋肉がとにかく落ちてしまい、腕や脚はガリガリだったが、自分に力を与えてくれるように派手な色の服を着て出歩くようにした。この時期は日常生活を送ること自体がリハビリになっていたように思う。出演できなくなったイベントに顔を出したり、友人の集まりに参加したりする。ぐいっと力を込めて歩き出し、ふわっと周りに身を委ねる。その繰り返しだ。

こうして社会の中に身を投げ出してみると、それまでとは異なった光景が見えてくる。新宿駅は中学の頃から通学で利用していたが、京王線からＪＲに乗り換える通路は、階段を降りて通路を抜けてからまた階段を上がる。毎日人が波の如く行き交う中に自分も紛れて進んでいたのだが、病気になってからは、この波に入れなくなってしまった。動きが速過ぎるのだ。歩いている人々は、それぞれツカツカと進んでいくそのスピードがとにかく速い。その歩調に合わせられないと、すぐに人がやってきてしまう。しかも、左目の視野が遮られているので、油断していると、次々と人にぶつかってしまう。僕は通路の真ん中で軽いパニックになり、慌てて壁際に避難した。そんな僕にはお構いなしに通路の中央を人が怒濤の如く流れていく。

すると、壁際で膝に手をつき、一息ついていて気づいた。実は僕以外にも中央の人の流れの速さについていけずに、壁際をゆっくり歩いている人たちがいたのだ。高齢だったり、怪我をしていたり、あるいは、僕のように病気を持っているのかもしれない。中央の人の流れに飲み込まれないようにしながら、なんとか自分のペースで歩いたり、止まったりしている人たち。僕は自分が中央の人の流れに合わせて歩いていた時には、こうしたゆっくり歩く人々に全く気づいていなかった。もしかしたら、目の前に現れた時には、邪魔にすら思っていたかもしれない。だが、自分が病気になって、社会の構造の外に出てみて初めて、様々な速度、あり方が同じ空間に存在していたことが分かったのだ。片目になって視野が広がった。

僕は病気になるまでは車を運転していたが、左目の視野を失ってからは、電車移動がメインになった。退院後、しばらくは杖をついてふらつきながら電車に乗っていたのだが、驚くほどに席を譲られる機会がなかった。すぐ疲れてしまうので、杖に寄りかかってゼエゼエ言っていても、周囲は素知らぬ顔をする人ばかり。先述したように僕は杖もあえて派手にしていたし、眼帯も派手だ。でも、明らかにふらついて杖に寄り掛かってもいた。ある時はかなりしんどいので、優先席の前まで行ったが、誰も立とうとしない。時間帯は19時過ぎで、仕事帰りの人でごった返し、人の圧力に押され気持ち悪くなってきた僕はぐらついて倒れそうになってしまった。横で立っていた方が心配して手を貸してくれたが、それでも優先席に座っている仕事帰りと思しき人たちは、一人も顔を上げることすらしなかった。一心不乱にスマートフォンの画面を見つめていたり、寝ていたり。こうした経験から僕はしんどい時は声を掛けるようになった。

「すみません。今ちょっと疲れているのでどなたか席を譲ってくれませんか?」

声を出すと、流石に席を譲ってくれる人も出てきた。「そんなにしんどいなら外に出てくるな!」「病人は家で休んでいろ!」という意見を持つ人もいるだろう。でも、僕は移動したいし、行き先もある。いや、行き先が明確になくても誰でも移動する自由はある。移動できないくらいしんどかったら、自分で判断して休むだろう。この時期の僕は少し休めば動けるくらいの状態だった。そもそも幼少期のロンドンでの経験などから、僕は電車の椅子はすべてが〝優先席〟だと思っていたが、日本ではわざわざ指定しないと誰も他人を優先しない。ただ、優先席と指定してしまうと、その場所以外は優先しなくてよい席だと考えてしまう人もいるのではないか。

社会には色々な人がいて、それぞれの速度で、やり方で生きている。公共交通機関の「公共」に、その色々な人を包摂するという意味を持たせてもよいのではないか。日本社会には〝公＝パブリック〟という概念が欠如している。公園や広場といったパブリックスペースは、欧州では「みんなのもの」と考えられるが、日本では誰のものでもない場所だ。そして、行政からの禁止事項だけがずらりと並ぶ。僕は日本が民主主義という看板を出しているだけで民主主義社会ではない、と考えている。それは「民が主になっていない」からだ。民が主になってみんなのものとして社会をつくっていく。その意識がない社会は民主主義社会とは言えない。

バリアフリーの議論でも、障害のある人のためにスロープやエレベーターを設置するのはもちろん大事なことだ。だが、そうした設備だけ整えればよいという問題ではない。僕が幼少時に住んでいたロンドンの地下鉄は古い螺旋階段だらけだ。ただ、その場所に車椅子に乗った人やベビーカー、大きな荷物を持った人が来れば、周りの人たちがパッと集まって昇り降りを手伝う。同じくロンドンの空港のエスカレーターでは、日本と同じ感覚で急いで昇っていたところ、職員の方から「急いでいる人は階段を使ってください。エスカレーターは速く歩けない、あるいは階段を使うのが難しい人のためのものですよ！」と言われてハッとしたことがある。こうした考え方がみんなの場所をつくるということであり、それをテクノロジーでサポートしているのがスロープやエレベーターだ。みんなの場所をそれぞれが個として関わって、つくっていく意識がなければ、設備だけ整えても、優先席を指定しても、本質は変わらない。

おい、こっちは病人だ。席を譲れ！

僕は病人になったことで、日本社会のあり方について、こうした視点を得ることができた。僕は日本が民主主義社会だとは思っていない。しかし、日本は民主主義という看板を出していて、民主的な制度(つまり設備)を整えることには、それなりに注力してきたことは認める。これは敗戦後、すぐに民主主義国家という看板を出さざるを得なかった以上、まずは「ガワ」からつくるしかなかった側面があるからだ。ただ、そこそこ便利なガワができてしまったため、人々が考えなしに選挙などの民主的制度だけ利用するようになってしまった。結果、制度は本来、民が主となって社会をつくるために存在するという考え方が身につかなかったのだ。

バリアフリーを巡る議論も、僕が新宿で端っこに弾き出された人に気づいたように、そもそも一人ひとりがみんなで暮らしている意識を持つことがスタートになるはずだ。そのスタート地点に立っていないから設備だけつくればそれでいい、あるいは、施設をつくって入ってもらったらいいといった考え方になる。すると、そんな社会の視線を感じた病人や障害を持った方々が「自分たちがここに存在していいのか?」と考え込んでしまい、その問いを内面化してしまう。

そうした社会のあり方がおかしいと声を上げる人が出てくると近年はネット上で非難の嵐が吹き荒れる。「病人のくせに、障害者のくせに!」「お前らはこんなに設備とか制度をつくってもらっているのに、感謝の気持ちはないのか!」といった類いの罵詈雑言だ。こうした罵詈雑言を飛ばす人は、自分が今いる場所がどこかを意識したことがないのだろう。新宿駅のあの通路の中央の人の流れから弾き出されて、初めて気づくのだと思う。

僕はラッパーなので声が大きい。「不意の病気によって社会から弾き出されてもなかなか声を上げられない人の声を力に変えて物申していこう」と決意した。それをなるべく、ド派手にやろう。「おい、こっちは病人だ。席を譲れ!」と、胸に書いたTシャツも構想したくらいだ。おそらくこれを着たら、また「感謝が足りない!」と罵詈雑言が飛んでくるだろう。

退院後は通院しながら、リハビリを続ける。自転車を漕ぎ、平均台の上を歩き、少しずつ身体を調整する。同じ病院に近所の洋食屋の女将さんが通院していて、僕がリハビリをしている姿を見てくれていた。店に食事に行ったら、声を掛けてくれて、コーヒーを奢ってくれた。入院中のリハビリでは、同じ環境でがんばる人たちしかいない状況で、いっしょにやっていく感覚だったが、通院だと日常を行き交う人たちとも交差する。こうして少しずつ社会に浸透し直す感覚も味わった。先に紹介した社会から弾かれる感覚と浸透する感覚を行き来しながら、新しい歩みを始めていく。こうして、2010年の夏から秋にかけて、少しずつ体力を回復させながら、現場にも復帰することになった。当時の僕は大きな嵐を経験した後のような気分だった。これ以上自分の人生に劇的な出来事が起こることはないだろうとも思っていた。

2011年3月11日、14時46分。僕は妻と長女と近所の焼肉屋で遅めの昼食を食べていた。最初の揺れが起こった時は、「外でトラックの事故でもあったのか？」と思った。地震だと分かると客も店員も駐車場に避難した。この時、僕はTwitterをやっていたので、東北の地震だと分かり、周りにも伝えた。「これだけの衝撃で震源が東北なのか？」と集まった周囲の人々はそれぞれに驚いていた。それでも揺れが収まると、店員が再び店内に誘導してくれたが、注文して焼いた肉は焦げていた。店長が「注文したものと同じメニューを提供します」とアナウンスした瞬間に2度目の揺れが来た。店長はそのまま「営業は停止します！　お会計は結構なのでそれぞれ早く自宅にお帰りください！」と叫んだ。

家に戻ると棚のガラスが割れて食器が散乱していた。妻は娘を前向きに抱っこして、スニーカーを履いた状態で家にある物資などの確認をした。そして、その日から僕はネットに釘付けになってしまった。東北にいる友人たちの安否、津波の被害、原発の状況、政府の対応。あっという間に僕は情報の洪水に飲み込まれてしまった。その中でも気になったのは病院、入院患者や設備、そして、薬が必要な人にどうやって届けられるのかといった事柄だった。

僕は脳梗塞になってから病院をセーフティーゾーンとして、その中で回復に専念することができたからだ。退院後も通院して薬を処方してもらいながら、治療を続けていた。だが、病院がセーフティーゾーンとして機能し、薬が安定的に処方される前提が揺らぐことについては、それほど意識したことがなかった。僕はこの時期には、インスリンを使って血糖値をコントロールしていたのだが、インスリンが足りなくなったらどうすればよいのか？　そして、そうした相談をすべき病院そのものが破壊されてしまったらどうなるのか？　この視点に気づいてからは、災害や戦争のニュースに対する想像力の働き方が変わった。そして、東日本大震災を経て、ようやく僕は自分が暮らす社会、それを運営する行政、さらに、民主主義体制における主権者である国民としてのあり方を意識することができるようになった。

今、僕は様々な方を招いて自分のＹｏｕＴｕｂｅチャンネルなどで社会や政治について話している。その起点は脳梗塞による入院と東日本大震災の経験だと思う。震災の数ヵ月後に行われた復興チャリティーライブに参加するために仙台に行った時、地元の面々に被災した地域を案内してもらった。津波で建物が剥ぎ取られてしまった海岸沿いに閖上湊《ゆりあげみなと》神社がある。その神社には、近くの小学校の児童たちが植えた桜の木が一本立っていた。その一本の海沿いの桜から受け取った力が僕を少しずつ駆動させてくれているように感じた。

両目失明の危機

2011年の6月末。脳梗塞で倒れてからちょうど1年が経っていた。僕は朝まで音楽を聴きながらなんとなく起きていた。そろそろ寝るかと思い、ベッドに行くと2歳になった娘がスヤスヤ寝ている。可愛い寝顔を眺めていると、視界に異変が起きた。見えているほうの右の視界の上部から少しずつ赤い線が下りてくる。それはすぐに視界全体を覆っていき、1分もしないうちに目の前の娘の顔が真っ赤な布で覆われたようになった。

「目が見えない！」思わず、僕が叫ぶと妻が目を覚ます。

「どうしたの？」

「突然視界が真っ赤になった。目が見えないいんだ」

この時は動揺した。左目は視野欠損でほぼ真っ白。そして、今度は右目が真っ赤だ。これほどめでたくない紅白があるだろうか？　妻にかかりつけの病院に電話してもらい、朝一番に眼科を受診した。妻に付き添ってもらい、病院へ行く。急に僕は音と触感だけの世界に放り込まれてしまった。担当医の声が聞こえてくる。

「これは眼球のどこかから出血していますね。ただ、血が引かないとどういう状況か分かりません。3日ほど待てば出血が治り、血が引くと思います。その時に診察しましょう」

3日待ったが、視界は真っ赤なまま。そして、1週間経っても変わらなかった。僕はまた全仕事をキャンセルすることになった。目を開いても何も見えないので、目はずっと閉じているようになった。家の構造は分かっているので、ベッドを起きたら妻が用意してくれた朝食を食べる。食事は皿がどこにあるか分からないので、どんぶり1個にご飯とおかずを入れてもらってスプーンで食べた。読書もPC作業もできないので、ラジオと落語が入ったMP3プレイヤーを椅子の横に置いてもらう。後はターンテーブルでレコードを聴く。レコードはなんとなくどこの棚にどの音楽が入ってるのかは分かった。それをターンテーブルに乗せて再生する。流石にiTunesは見えないと扱えない。CDも箱を開けたり、プレイヤーを操作したりするのが困難だったので、アナログレコードには助けられた。この時、Ray《レイ》 Charles《チャールズ》やStevie《スティーヴィー》 Wonder《ワンダー》、Blind《ブラインド》 Lemon《レモン》 Jefferson《ジェファーソン》といった全盲のアーティストには大きな力をもらった。彼らの音楽を聴いていると、それがどんな歌であっても「大丈夫だよ。俺たちは楽しくやっている」というメッセージが聴こえてきた。Stevie Wonder の名盤「TALKING《トーキング》 BOOK《ブック》」に収録されている「Blame《ブレイム》 It《イット》 on《オン》 The《ザ》 Sun《サン》」はラブソングの体を取るが、全盲の Stevie Wonder にとっての輝かない太陽をこの時は僕も見つめていた。綺麗な旋律と優しい歌声を椅子から一歩も動かずに聴いている。手の感覚は以前より鋭くなっていて、椅子の肘掛けをギュッと握るだけで、身体の中を記憶やイメージが流れているように感じた。

この時、一度は近くのコンビニに行ってみようと思った。行き方なら大体分かる。しかし、玄関を出て道路に近づくとものすごい轟音とともに車が走り抜けていく。とてもじゃないが無理だ。僕は道路の手前で一歩も動けなかった。この時は街の音すべてが凶暴に鳴り響いていた。車の音、工事の音、遠くの電車の音。すべてがまるで襲いかかってくるようだ。左手で塀を触りながらもやはり前に出る決心はつかず僕は家の中に引き返した。そして、一人ではもう外に出なくなった。妻はこの時もサバサバしていて、僕のためにどんぶりをつくってくれ、入浴や着替えの手伝いもしてくれながら「この際だし、点字覚えちゃおうよ。色々役立つと思うよ」と言ってくれた。それでも、僕はなかなか新しいことをやる気力が湧かず、1日中同じ椅子に座って過ごしていた。気持ちは暗くなるばかりだ。

3週間経ってもやはり視界は真っ赤なままだった。医師は硝子体手術を提案してきた。「血は引かないが、硝子体出血の可能性が高い」と言う。ただし、手術の結果、より眼球にダメージを与えてしまったり、出血を促進してしまったりする可能性もあり、最悪右目も失明するかもしれなかった。「現在硝子体手術自体はかなり安全に行えるようになっているが、脳梗塞を患った後であり、出血が治らないことも踏まえ、決断してほしい」と言われた。僕は即答で手術をお願いした。3週間、ほぼ状態は変わらず、同じような毎日を過ごすことに参っていたのもあり、失敗の可能性があっても、変化のほうに踏み出したいと思ったのだ。

座頭市ライブ

実は8月の頭に自分の主催する深夜のイベントがあった。般若をゲストに招いていて、僕も出演予定だったが、会場に行けないだろうとライブの中止をお願いしていた。しかし、手術のための入院予定日がイベントの翌日に決まった。手術がうまくいかなかった場合、僕は今後全盲に近い人生になる。だったら、その前にライブを経験しておいたほうがよいと思った。

「今のこの感覚、音が凶暴なまでに鋭敏に聴こえ、触覚もまた鋭くなっている今、ラッパーとして表現したらどうなるのか?」「自分でどう感じるのか?」、今後のミュージシャンとしての生き方と向き合うためにも。

この時も、DJ49に運転を頼み、ライブ開始の少し前の時間に渋谷のTHE GAMEというクラブに連れて行ってもらった。自分では見えてはいないのだが、せっかくなのでお気に入りの8ボールのイケてる杖と開閉式のカッコいいサングラスをかける。会場は大入りらしく、それは空気でも分かった。人が集まるとエネルギーが発生する。感覚が鋭敏になっていると、それが肌を通して伝わってきた。すると、多くの人に声を掛けられる。やはり仲間たちはちゃんと声で識別できるものだ。楽屋の横がステージ。何度もステージに上がっている場所だったが、会場の広さの感覚が分からない。誰かに手を引かれて中央に立たせてもらった。そして、DJ KOPERO《コペロ》が音をかけてくれる。ライブの始まりだ。

この時の映像は「座頭市ライブ」として僕のYouTubeにアップしている。ステージの広さも分からず、客席に落ちてしまわないか心配だったが、いざ曲が始まると自然と身体が動いていく。ビートに促されるように口が動き、ラップが発射されていく。気持ちよい。客の歓声が聴こえてくる。20分はあっという間だった。MCではこのライブの直前に心筋梗塞で亡くなった元・横浜F・マリノス松田直樹選手の話をした。誰でも病気になり得る。トップアスリートで万全の調整をしていた松田選手でも、突如病気に襲われることもある。僕は病気とともに生きている。そして、ここでみんなと同じビートを感じながら歌っている。HIPHOPには同じビートを感じることで、同じ世界に入っていけるという哲学がある。人種も年齢も性別も違っても、そして病人でも、同じビートを感じて一つになれる。そういう想いを込めてラップをした。

自分では常に前を向いて歌っているつもりだったが、リズムを取っているうちに紙相撲みたいな要領で身体がくるくる回っていたらしい。そこで仲間のTARO SOULと福がしゃがんで僕の足を掴み、ちょっとずつ位置を修正してくれていたようだ。Ray Charles や Stevie Wonder はピアノの前に座っているから位置が変わらないのだろう。これも得難い経験だ。

「あんま無茶するなよ」

般若にそう言われて僕は会場を後にした。翌日に入院。準備をして手術だ。僕は脳梗塞になっているから全身麻酔が使えない。だから、眼球に局部麻酔をかける。医師が「左上を見てください」と言う。僕には見えないが目線を左上に向けると、その隙に下から白目部分に麻酔を打っているようだ。間違って瞳に刺してしまうと大変だ。「下は見ないでくださいね」と言われる。「見るな」と言われると見たくなるのが怖い。また手術前には精神安定剤を処方された。薬で簡単に気分が落ち着く、という事実の怖さについても考えさせられた。右目の手術は4時間に及んだ。全身麻酔だったら寝ているうちに終わるのだろうが、局部なのでずっと意識がある。顔に布を被せられると視界は赤から暗い黒に変わった。その上を何やら影が蠢《うごめ》いている感じだ。手術中は担当医師が好きな音楽をかけるようでPUFFYなどが流れている。

「そこ水出てます!」と、看護師の声が聞こえる。「水? 眼から水が出るのか?」と思ったが、きっと血の隠語なのだろう。「眼球からピューと水が出ているイメージも面白い。「身体を動かしたくなったら言ってくださいね。急に動かれると危ないので」と、看護師の声が聞こえた。

これも言われると急にむず痒くなる。そうしているうちに手術が終わった。「うまくいきましたよ」と医師の声が聞こえる。顔は包帯でぐるぐる巻きになりその日は終わった。翌日、包帯を取る。真っ赤だった視界は果たして晴れているのか? 恐る恐る目を開くと赤くはないが、完全に曇っていて何も見えなかった。「え? うまくいってこれなの?」と僕は内心ショックを受けていた。医師は「視界、まだぼやけてますよね? 数日かけて晴れていくので安心してください」と言った。それを最初に言ってほしかった。確かに数日で少しずつ視界が晴れてきて見えるようになってきた。そして、術後1週間で退院することができた。退院の日、迎えに来た妻と長女の顔がくっきり見えるようになっていた。僕は鏡を見てみた。

「お前、そんな顔してるのかよ。しょぼくれてるな! でも、なんとか戻ってきたようだな」

僕は自分に語り掛けていた。目が見えない間は弟に代筆を頼んでブログで近況報告をしてもらっていた。帰宅して手術成功と退院を報告するブログを自分で書いた。ダースレイダー、代筆なし!

第8章

5years
—死神は人生の友達—

復活後の快進撃

右目の失明の危機は避けられたが、しばらくは通院とインスリンによる糖尿病のコントロール治療が続いた。慣れてくると毎日のインスリン注射は気にならなくなるが、同時に気も緩んでくる。食事のコントロールへの注意も散漫になってきていた。すると、今度は定期検診でどんどんと数値が悪くなってきた。病気で体の調子は下り坂だったが、それとは反対に僕はこれまで以上に多方面の活動を展開するようになっていった。

2014年、37歳の時に僕はラッパーの漢 a.k.a GAMI が立ち上げた会社、鎖グループ内のレーベル、BLACK《ブラック》 SWAN《スワン》の代表を任された。脳梗塞で倒れて以降はダメレコをレーベルとして運営することは止めて、自分のソロ活動を続けていた。ちなみに、BLACK SWANは元々佐藤将さんがやっていたレーベルだ。佐藤さんは僕がMICADELICで活動していた頃からの知人で、お互いの家を訪ねては日本のHIPHOPの話で盛り上がる仲だった。彼はとにかく日本のHIPHOPが大好きで、独自の審美眼で様々なアーティストの才能を見抜き、制作を手伝ったり、時には生活面でのサポートもしたりしてあげるような人物だった。

漢は佐藤さんと鎖グループを共同運営するつもりだったが、佐藤さんが40歳の若さで急逝してしまう。西早稲田で鎖グループの事務所の工事も始まっていたタイミングだった。すると、漢から電話があり、佐藤さんの後任という形でBLACK SWANの代表の仕事をオファーされた。当時の僕はHIPHOPのメインストリームからは距離を置いていたが、このオファーは受けることにした。佐藤さんが想定外という言葉が好きだったからだ。この展開も佐藤さんならニヤリと笑って「面白いね」と言うだろうなと思った。

鎖グループではBLACK SWANとしての作品のリリースが次々と決まった。また、会社が立ち上げたラップバトルの全国大会「KING OF KINGS」の初代プロデューサーも務めた。制作にライブにと大忙しの日々が始まる。レーベルメンバーでもあるD．O《ディーオー》と横浜のラッパー・T．O．P．《ティーオーピー》を招いた「HOOD TOOK ME UNDER《フッドトゥックミーアンダー》」という曲もつくった。HIPHOPでは自分の地元（HOOD《フッド》）や地元の仲間（HOMIE《ホーミー》）について歌う曲は一つの定番だ。そこで、D．Oは練馬、T．O．P．は横浜とそれぞれのフッドのことを、僕は病院を自分の地元、病人を仲間に見立てて歌った。

HIPHOPのスラングでは、「はじめに」で述べた病気を意味するILLや、薬物を意味するDOPE《ドープ》は、それぞれ「カッコいい、ヤバい」という意味になる。僕の地元には、DOPEが溢れ、毎日死人も出る。ただ、そこはニューヨークのブロンクスやロサンゼルスのコンプトンではなく、病院の話。そんな地元で生きるイルなラッパー・ダースレイダー。鎖グループで再びＨＩＰＨＯＰ業界のど真ん中に戻った僕は、ＨＩＰＨＯＰを通じて自分の置かれた状況を肯定的にとらえ直すことができるようになっていた。

２０１７年の2月からは、Ａｂｅｍａ《アベマ》ＴＶ（現・ＡＢＥＭＡ）で僕がメインキャスターを務めるニュースバラエティー番組「NEWS RAP JAPAN」がスタートした。ニュースをラップで伝えたり、争点があるニュースに関しては、ラップバトルでディベートしたりするという形式の番組だ。僕は企画会議から参加してキャスティングにも関わった。出演するラッパーは、僕の今までのキャリアの中から企画に向いていそうな人を推薦した。また、番組側にはニュース面をしっかり伝えるために「解説者が二人ほしい」と伝え、ニュース全般の社会的意義を話してくれる社会学者の宮台真司さん、そして、新聞14紙を並べ読みして幅広く時事ネタについて話せる時事芸人のプチ鹿島さんの出演を希望した。この時点で二人とは面識はなかったが、オファーを快諾してくれた。宮台さんは準レギュラー的スタンスで時にニュース解説役に回って頂き、その他にも神保哲生さんや津田大介さん、荻上チキさんや鈴木涼美さん、舛添要一さん、猪瀬直樹さん、果ては田原総一朗さんといった方々にまで出演してもらった。

プチ鹿島さんはレギュラーで、ニュースのナレーションはフリーアナウンサーの天明麻衣子さんが超クールなキャラで番組を締めてくれた。ラッパーでは呂布カルマ、ＥＲＯＮＥ、

ＴＫｄａ黒ぶち、ＡＣＥらが素晴らしいパフォーマンスを見せる。番組側からの提案で一人、芸人を入れることになり、とろサーモンの久保田かずのぶ君がラッパーとして大活躍してくれた。ちなみにNEWS RAP JAPANではとろサーモンが「Ｍ‐１グランプリ２０１７」で優勝した際、事前収録していた久保田君の優勝ラップを大会直後の放送で流すことができた。あれは本当にカッコよかった！

ラップバトルの人気も徐々に広がっていた時期でもある。フリースタイルラップバトルが一般層にも認知されたきっかけはＢＳスカパー！の番組「ＢＡＺＯＯＫＡ！！！」内の企画として始まった「高校生ＲＡＰ選手権」だ。僕はこの企画にも当初から関わり、番組ではレフェリーとオーディションの審査員として第10回まで関わっている。

クラブとクラブカルチャーを守る会

「クラブとクラブカルチャーを守る会」の活動についても触れておきたい。２０１２年４月に大阪のＮＯＯＮが風営法（風俗営業法）違反で摘発されると、日本のクラブシーンを巡る状況が一変する。風営法は「風俗営業等の規制及び業務の適正化等に関する法律」の略で、１９４８

年に施行された。その頃、男女がダンスする社交場が売春の温床にもなっていたが、この法律は売春そのものではなく、ダンスをさせる営業形態のほうに規制をかけていたのだ。

風営法は時代とともに形骸化していったが、1982年に起きた新宿歌舞伎町ディスコナンパ殺傷事件によって状況が一変する。歌舞伎町のゲームセンターで男にナンパされた女子中学生二人が、ディスコなどに立ち寄った後に千葉県で一人が殺され、一人が軽傷を負ったという事件だ。この事件報道がきっかけとなって、ディスコが若者の犯罪の温床というイメージをつけられ、風営法によって深夜営業するディスコの摘発が相次ぐようになる。

この時期のナイトカルチャーへの取り締まりの馬鹿馬鹿しさを歌ったのが近田春夫（President BPM）の「Hoo! Ei!! Ho!」だ。風営法を禁酒法に例えたうえで、バレずに遊ぼうと訴える歌詞は、法への向き合い方を提唱した日本のごく初期のポリティカルなラップだ。ディスコが取り締まられてからも90年代には渋谷を中心としたクラブカルチャーが盛り上がっていくのだが、風営法そのものは変わっていなかったので時折、警察からの摘発が入ってしまい、グレーな営業が常態化していた。

NOONが摘発されると、今度は東京でもクラブの摘発が始まった。ただ、この時はクラブの事業者も僕らのようなクラブに出演するラッパーやDJも法律については無知で、何が起こっているのかも分かっていなかった。そこで、問題意識を持った面々が、ダンスカルチャーを守る団体「Let's DANCE」の当時の共同代表であった齋藤貴弘弁護士の勉強会に集うようになった。風営法はダンスをさせる営業形態への規制なので、実は社交ダンスやスポーツダンス、サルサダンスやブラジリアンダンス業界もまた規制対象になっていた。彼らはすでに業界団体をつくったうえで、法改正のロビー活動をしていた。その成果として、超党派の国会議員による「ダンス文化推進議員連盟」も立ち上がり、法改正の議論をする場自体はできつつあった。そこに慌ててクラブ業界も乗っかることになったのだ。

すでにNOONに関しては法廷闘争が始まり、Let's DANCEは風営法からダンスという項目を外すよう求める署名活動を開始していた。僕らは勉強会に集まった面々を中心にZeebraさんを会長とした「クラブとクラブカルチャーを守る会」という団体を結成した。クラブの事業者たちはグレーな営業をしている当事者でもあるため、なかなか前面に立ちづらい。そこで、クラブに出演するTECHNO、HOUSEやHIPHOP、REGGAEのアーティストが、仲介役としてロビー活動を担当する必要があったのだ。

そもそも日本のクラブ業界には業界団体も存在しなかった。一人ひとりの事業者が強い独立心を持って営業している店が多く、横のつながりも薄い。しかし、ダンス文化推進議員連盟も、取り締まる警察も対応する窓口の一本化を求めていた。政治家たちにはクラブ業界の実態はほぼ伝わっておらず、警察も取り締まり対象として把握している程度だった。クラブカルチャーそのものを理解してもらうにはハードルも高かったので、経済という側面を強調しながら、国際比較も用いてインバウンドなどと紐付けして説明していくことになった。そして、僕はこの会の広報的役割を担うことになった。メディア対応をしつつ、事業者のもとに通ったり、勉強会を主催したりしながら、法改正の意義や業界団体設立などの必要性を訴えていった。この辺りは自著『武器としてのヒップホップ』(幻冬舎)でも詳述しているので参照してほしい。

結果、いくつかの業界団体が成立し、風営法改正案は可決された。まだ課題は色々と残しつつも、2016年6月23日から施行されることになった。僕はこの時の活動を通して社会と法律との関係や、政治および政治家と行政、そして様々な業界団体の関係について考える機会をたくさん得ることができた。また、海外の事例を学ぶため、Zeebraさんとアムステルダムやベルリン、テルアビブといった都市を訪れ、そこで各国のナイトカルチャーやナイトエコノミーを代表する人々と会って話ができたのは、個人的にも素晴らしい経験になった。

法改正後、議論はより実務的なフェーズに移り、僕の役割はほぼなくなってしまったと思う。僕は組織、団体的な立ち回りの中で日本的慣例を無視してしまうことも多かった。空気を読まない、と言えばよいのかもしれないが、自分が組織人としての資質を欠いていることに気づけたのもある意味よかったと思う。そして、この活動は自分と社会の関わり方を改めてとらえ直すことができたという意味でも有意義だった。この時期の僕は自分の中でエネルギーが渦巻いていて、アドレナリンが出っ放しだったようでしばらくの間体調はよかった。

余命5年の宣告

２０１７年、40歳になっていた。漢とは定期的にネット配信番組「鎖ステーション」をやっていた。ライブ、新人オーディションやゲストを交えたトークがあり、最後はラッパーたちのフリースタイルで締める。そんな配信がある日のお昼に僕は病院でいつもの糖尿病内科ではなく、腎臓内科に案内された。初めて会う腎臓内科の医師は、僕の検査結果を見ながら、こんなことを話した。

「数値はよくないです。このまま行くと人工透析は避けられません。ただ、あなたの場合すでに脳梗塞になっています。したがって、リスクは格段に高くなります。グラフで言うとこの辺りです」

医師は腎不全の危険度グラフのようなものを見せたが、僕はそのグラフの中で真っ赤なレッドゾーンにいるようだ。何度か糖尿病の担当医からは「若いからまだ時間はあるが……」という断りつきで注意されていたが、この時危険信号がつき始めたのだ。

「腎臓という臓器は一度悪くなるとよくはなりません。もし、このまま何も手を打たないで放置すると場合によっては5年後には死亡する可能性もあります」

実はこの時の医師の正確な発言内容は覚えていない。このやり取りの途中から白昼夢に迷い込んだような気分になってしまったのだ。あと5年……。

「今のあなたの状況を分かりやすく解説してくれるDVDがあります。まずはそれを観てください」

医師がそう言うと、看護師が僕を別室に案内してくれた。そこは真っ暗な部屋でテーブルと椅子が一つずつ置いてあり、その前には小さなテレビがあった。看護師がDVDをセットすると「終わったらお声掛けください」と言って、扉を閉めて出ていった。暗い部屋にポツンと座ってテレビ画面を見ているという状況も、何やら映画の一場面のようでどうも現実感に乏しい。

すると、テレビ画面には小さなそら豆のようなキャラクターが登場した。腎臓君らしい。この腎臓君がてくてく歩きながら、腎臓の機能、そして、腎臓が悪くなると回復が難しいという説明をしてくれる。すると、この腎臓君の表情がどんどん険しくなってくる。ある地点まで歩くと大きな文字で〝ポイント・オブ・ノーリターン〟、つまり、「もうここからは戻れません」という言葉がバーンと映し出される。腎臓君が向かう先の道がパッと映し出されるが、それはクネクネした曲がり道で丘みたいな場所を登っていく。そして、その丘のてっぺんに登ると、大きなバツ印がデーンと待ち構えている。本当にこんな映像だったのだろうか？　David《デビッド》 Lynch《リンチ》の「イレイザーヘッド」みたいな白黒映像のように思えたが、多分色はついていた。そして、電波が合ってないラジオのような音でThe Beatlesの「The《ザ》 Long《ロング》 and《アンド》 Winding《ワインディング》 Road《ロード》」が頭の中で鳴っている気がした。

「もう終わりましたか？」

看護師の声が聞こえてきてハッと我に帰る。電灯がパッとつくと、そこは小さな白い壁の病院の個室だった。この後、また腎臓内科の医師の説明を受けた。人工透析の説明、そして「とにかく現状をなんとか維持して悪化しないようにしましょう」と言われた。

心ここに在らずのまま、会社に戻って配信番組に参加した。病院を出た時はどんよりした雲に覆われているような気持ちだった。番組でもあまり集中できていなかったのだが、最後、フリースタイルの場面で僕にマイクが回ってきた。ビートに合わせて身体を揺らしていると、自然とラップが始まった。

「医者に言われたぜ、お前の命はあと5年！」

横にいた漢が「君、すごいことラップしているね」という顔をしている。ビートに乗っていると脳が勝手に演奏しているような感覚になって言葉がすらすら出てくる。この後、D.Oからは「まあ、そう言う奴が案外長生きするもんだよ」と優しい言葉を掛けられた。家に帰るとすぐにノートに歌詞を書き始めた。でき上がったのが、「5years」という曲だ。僕は自分のバンド・ベーソンズの当時のメンバーとスタジオに入るとすぐに曲を完成させた。ベーソンズは2009年、自分のブログでメンバー募集をしてつくったバンドだ。当初からコンセプトはリズム。ドラムとベースとラップという構成で、低音とリズムがあれば音楽が成立するという考えで始めた。名前はベース音をもじったもので、英語表記はTHE BASSONS、英語ではTHE BASS IS ON（ベースがイケてる！）と説明している。

David《デビッド》 Bowie《ボウイ》の「Five《ファイヴ》 Years《イヤーズ》」では、僕らにはあと5年、泣く時間があると歌われる。だが、僕は明日、交通事故に遭う人よりはまだ時間があると歌った。そして、死神といっしょに一日一日をしっかり歩いて笑顔で5年後の自分に会いに行く。僕の隣に急に死神が現れたわけじゃない。死は常に人とともにある。医師が5年という言葉を口にしてくれたおかげで僕は自分の現在地点を考えることができた。だったらその5年を、一日一日しっかり生きていけば、もしかしたら、その先の扉が開くかもしれない。

もちろん明るい気持ちにすぐになれたわけではない。でも、死神といっしょにトボトボ歩く姿を想像したら、それは人間と河童と狸と死神らがいっしょに暮らす水木しげるの『河童の三平』みたいにも思えてきた。痛みは敵ではなく、死神もまた人生の友達だ。寂しくも、なんとなく愉快な旅路。歌詞を書くことでこうしたイメージが次々と頭に浮かんできて、どんよりした雲が晴れていく感覚があった。ラップは韻を踏みながら作詞していく。言葉と言葉をリズムに合わせて接続させていくと、次々と言葉の枠がぶつかって破壊されていき、そこからパーッと意味やイメージの世界が解き放たれていく。その解放感には精神にかかるどんよりした雲を振り払う効果もあるのだと思う。「5years」をタイトル曲として収録した同名のアルバムは、青山のレッドブル・スタジオ東京で録音した。ミュージックビデオもここで撮影している。録音およびミキシングはDUB MASTER Xさんにお願いした。DUBさんは、僕のコンセプトを「面白い」と言ってくれて、リズムと声の表現ならPAが大事だ、と自ら引き受けてくれた。

ゆっくりでも歩き続けるしかない

よし！「何も手を打たなければ」と言うならば、できることはやってみよう。この時、知人の看護師から透析を避ける治療を推奨している医師を紹介された。自宅からは2時間弱かかる東京の下町の病院に勤める医師だったが、地元の総合病院からこの病院に通院を切り替えた。この医師はテレビにもたまにコメンテーターで出演していたので、とても人気でなかなか予約も取れない。病院に着いてからも結構な時間待つことになったが、それも治療のうちと割り切った。彼の治療方針は糖質制限による血糖コントロールというものだった。インスリンは使わず、炭水化物を減らす代わりにタンパク質で栄養を摂り、体内のケトン体の数値を高めていく。タンパク質は肉やバター、チーズを中心にプロテインも飲み、炭水化物は1日60gを目安に抑える。僕の食生活はガラリと変わった。特に大好きだったカレーライスはライスが食べられなくなり、スープカレーのスープだけなどで無理やり凌ぐようにした。これはかなり大胆な方針転換だ。

さらに、糖分を摂らないようにすることで、確かに血糖値の値は安定したが、ケトン体の数値はなかなか上がらなかった。そこで、病院の最寄り駅にはステーキ屋があったので、治療を終えると自分へのご褒美とタンパク質補給で大きい肉を頼んで食べていた。医師の説明によれば、「この方針で腎臓も守られて透析を避けられる」とのことだった。まずはこの医師の治療に従ってやれることをやってみよう、と考えていた。

しかし、この時期のバンドのライブでは、30分程度で完全に息切れしていた。自分のエネルギーの使い方が分かっていなかったのだと思う。脳梗塞で倒れるまでは、力を使うというイメージは特に持たなかった。若さもあって全力でパフォーマンスをしていればよいと考えていたのだ。ところが、一度倒れてからは体力自体が極限まで落ちてしまい、力任せのライブができきなくなっていた。声も簡単に嗄れてしまう。下町の病院に移って糖質制限を始めてからも体力不足でなかなかしんどい日々が続いた。

「5years」をリリース後、しばらくしてから鎖グループを退社した。この時期、漢も会社も進みたい方向が明確化してきた。しかし、僕はその方向性に反対する立場に立つことが多くなってきたのだ。ただ、辞めた後のことは何も考えておらず、様々な予定が白紙のまま収入も安定せず、体調面の不安は相変わらず。それでも、不安で落ち込むなら下向きのベクトルで動いている感じもするが、この時はむしろ完全に凪の中にいるような気持ちになってしまった。どこからも風は吹かず、どこに向かっても気持ちが動かない。RHYMESTERの宇多丸さんのTBSラジオの番組「ライムスター宇多丸のウィークエンド・シャッフル」の特番に出演した時もこの凪の気持ちについて話している。宇多丸さんは真剣に話を聞いてくれた。「傍目から見ればちゃんと動いているようだし、大丈夫だよ」と言ってくれた。

この時期、バンドのリハ中にDUBさんが「ダース、人にはそういう時期がある。深い水の底に沈んでしまったような感覚になるんだ。俺もそういう時期があったけど、とにかくちょっとずつでもやり続けるしかないよ。2、3年するとひゅっと糸が垂れてくる。その時にちゃんと掴まることができるように動き続けてないとダメだよ」とアドバイスをくれた。僕は決意した。ゆっくりでも、息切れしても、歩き続けるしかない。隣に死神を連れながら、トボトボと。

第9章

HIPHOPの逆転の哲学
—すべては流れ、
言葉は箱—

ブレイクビーツがもたらす「個にして全、全にして個の境地」

僕はＨＩＰＨＯＰのミュージシャンでラッパーだ。ここまで書いてきたような大きな病気の数々と向かい合う際に、ＨＩＰＨＯＰの思考法を身につけていたことが大きな助けになった。ここではＨＩＰＨＯＰという考え方について触れておきたい。僕の著書『武器としてのヒップホップ』ではこうしたＨＩＰＨＯＰの思考法を詳述しているので、そちらもぜひ参照してほしい。今、ＨＩＰＨＯＰという言葉はかなり知られるようになったと思う。世界各国の音楽チャートの上位を見ると、その大半がＨＩＰＨＯＰおよびＨＩＰＨＯＰのテイストでつくられたＲＯＣＫやＰＯＰＳで占められている。日本でもＨＩＰＨＯＰの認知度は相当に高まっていて、ラッパーがテレビなどのメディアにもよく登場するようになった。ただ、ラップに代表される音楽ジャンルとしてのＨＩＰＨＯＰは、文化、生き方、哲学も含んだＨＩＰＨＯＰの一側面でしかない。僕が病気になった時に大いに役立ったＨＩＰＨＯＰの本質を紹介したい。

1973年8月11日。ニューヨーク・ブロンクスのＤＪ Ｋｏｏｌ《クール》 Ｈｅｒｃ《ハーク》と妹シンディーがシンディーの学校の制服代を捻出するために手づくりでパーティーを企画した。この日がＨＩＰＨＯＰの誕生日と言われている。２０２３年で50周年だ。ＤＪ Ｋｏｏｌ Ｈｅｒｃは、ジャマイカ系移民の息子で恵まれた体格から学校でヘラクレスと呼ばれていた。それを受けて、自らその略称であるハークを名乗っていた。彼は父親が持っていた大きなスピーカーやアンプといったサウンドシステムを住んでいたアパートの地下の娯楽室に持ち込んでパーティーを始める。入場料は女25セント、男50セントだった。

パーティーはたちまち人気となり、近隣の若者が集まるようになる。そこで、ハークは自分が集めたレコードを次々とプレイした。すると、彼はレコードのある部分で特に客が熱狂することに気づいた。曲のイントロや転換部にある、ドラムを強調したパートだ。ハークはこうした盛り上がりポイントを〝Get《ゲット》 down《ダウン》 part《パート》〟（ＮｅｔｆｌｉｘオリジナルでつくられたＨＩＰＨＯＰ創世記を描いたドラマ「The Get Down」はこれに由来する）、あるいは、ブレイク（Ｂｒｅａｋ、ブロンクスのスラングで興奮する、枠を超えるといった意味）と呼び、ブレイクで盛り上がる客のことをブレイク・ボーイ、ブレイク・ガール、略してＢ・ボーイ、Ｂ・ガールと呼んだ。そして、彼らはダンスフロアでブレイクに合わせてオリジナルのダンスを次々と披露するようになる。これがブレイクダンスの始まりだ。

ただ、ブレイク部分は短い。曲によっては数秒で終わってしまう。そこで、ハークはどうにかこのブレイク部分を延長できないか考えた結果、一つのアイデアを思いつく。元々ＤＪは次々にレコードをプレイできるように2台のターンテーブル（レコードプレイヤー）をディスコミキサー（音響のバランスをとる機器）でつないでいる。この2台のターンテーブルに同じレコードを乗せて、まず1枚目のブレイク部分をプレイする。その間にもう1枚のレコードをブレイク部分の頭に合わせておくのだ。1枚目のブレイクが終わったら、すぐに用意した2枚目のブレイクをプレイすることで延々と同じドラムパートを続けることが可能になった。これがブレイクビーツの発明だ。ハークの主催するパーティーはたちまち評判となり、ブロンクスだけでなく、クイーンズやブルックリンといったニューヨークの他の地域でもＤＪたちがブレイクビーツをプレイするようになった。

繰り返されるブレイクは「ループ」と呼ばれ、ブレイクビーツを延々とループすることでダンスフロアは熱狂していくことになる。ハークは元々ラジオＤＪの影響で曲をかけながら自分で喋っていたのだが、ブレイクを準備するようになると、今度は仲間のCoke《コーク》 La《ラ》 Rock《ロック》に喋りを任せるようになる。Coke La Rockは、ハークがブレイクビーツをプレイすると、マイクを使って客を煽り、キメフレーズを放っていく。繰り返されるブレイクビーツは聴衆をトランス状態に誘っていく。彼らはリズムに身を任せながら踊り、声を上げていく中で、個でありつつも、リズムが司る全体の一部という感覚になっていく。ブレイクがループするたびに新たなステップが踏まれ、MCによる新たな言葉がリズムに乗っかっていく。たとえ、同じドラム音であっても、それが2回、3回と繰り返されるたびに再帰（ループ）的な感覚を強めていく。2回目は1回目より強く、3回目は2回目より強い。ループが強化されるのだ。ループは回数が分からないほど繰り返され、その強度をいよいよ増していく。ブレイクビーツと身体が同化し、さらには、MCの言葉、ダンスフロアとも同化して、巨大なアメーバ状の何かになっていくような感覚に陥る。自分の身体という小さな殻を抜け出し、より大きなものに身を委ねる感覚。それぞれに個としてブレイクビーツに反応しながら、大きな全体としてリズムと一体化する。「個にして全、全にして個の境地」だ。

すると、DJたちはこうした境地に至る鍵を握る〝完璧なビート〟を探す旅に出ることになる。今もDJたちは世界中でレコードの中に眠る完璧なビートを探しているが、それは鉱脈を掘り当てるようなものだ。レコード箱の中からお目当てのレコードを掘り当てるという意味から「ディグる」というスラングも生まれた。ブレイクビーツはFUNKやSOULのみならずROCKやJAZZ、REGGAEなどの様々なレコードの中に存在している。ブレイクビーツという視点が加わったことで既存のレコードにも新たな可能性が広がっていった。

このようなDJたちの手による人力ループは、音楽をライブで編集しているという側面もある。サンプラー（レコードなどの音を取り込む機材）とシークエンサー（音源を自動演奏する機材）の導入により、ブレイクビーツは音源制作の現場にも広まった。初期のサンプラーはメモリーの制限があり、ほんの数秒しか音を取り込めなかったが、DJでもあったＭａｒｌｅｙ《マリー》Ｍａｒｌ《マール》はレコードのブレイクビーツをバスドラム、スネアなどのパート別の音に細かく切り刻んで、打ち込み直す手法で曲をつくった。これが「サンプリング」によるブレイクビーツ制作という発明だ。こうしてハイハットの音一つにも可能性が宿るようになる。ずらりと並んだレコードは、今度は細かく切り刻まれ、その音一つひとつが新たなループを生んでいく。あらゆるループは個にして全の境地の鍵であり、ブレイクビーツの発明以降、世界中に鍵がばら撒かれていった。実に豊かなイメージだ。

ちなみに、大乗仏教では「輪廻」という考え方がある。人は煩悩がある限りは輪廻転生、つまり生まれ変わりのループを繰り返す。そして、煩悩を断ち切ることで、そのループを抜け出して悟りの境地に辿り着く、と言われている。だがブッダが求めたのは悟りの境地ではなく、実は真実の探究だと僕は思う。ループを続けるためのエネルギーこそが煩悩だ。煩悩は断ち切るべきものなのだろうか？　むしろ、僕は煩悩にとらわれることに対し、生きるためのリアリティを感じる。「生きてやる、生き抜いてやる」というあくなき欲求。それが生命を稼働し、次なるループを呼び込む。ＨＩＰＨＯＰの歌詞には金、車、異性、セックス、ドラッグといったモチーフが繰り返し登場する。こうした欲望丸出しの表現はしばしば批判の対象にもなるが、これこそがループするためのエネルギーだ。

ループとは振り出しに戻るのではない。次のループはより強く、より太く。次にやってくるループこそがチャンスであり、「個にして全、全にして個の境地」への入口であり、出口なのだ。ギラギラした生命力で駆動される究極のブレイクビーツが導く先にこそ、チャンスがある。ブレイクビーツに身を任せ、リズムを隅々まで感じることで、そこに蔓延《はびこ》る生命力を身に纏うことができる。そして、ブレイクビーツによって大きな全体、世界を感じることで自分という小さな個の中に抱える苦しみや辛さを相対化していくことができるだろう。気がつけば、ブレイクビーツとともに前に進んでいけるはずだ。

健康と病気というレコードのA面、B面

完璧なビートを探す旅の最中でＤＪたちが度々遭遇する事態がある。〝B《ビー》-Side《サイド》 Wins《ウィンズ》 Again《アゲイン》〟。シングルレコードにおいてヒットを狙ったA面ではなく、マニア向けのB面がヒットすることがしばしば起こるのだ。こうしたB面ヒットが次の流行を呼び込むことも多い。ちなみに僕が風営法改正のロビー活動に参加した時によく使った例えがある。それが「社会にはA面とB面

がある」ということだ。かつての風営法では、深夜0時以降に客にダンスをさせる営業形態は違法とされていた。だが、0時以降にも生活や、経済活動があり、そこから派生する文化もある。社会のA面とB面の境界線が0時に当たる。行政はどうしてもA面にばかり注目するが、僕は社会にはB面があることを指摘していた。

２０２０年から始まったパンデミックで初期に糾弾の対象となった「夜の街」はまさにB面に当たるし、曲名のようでさえもある。この時は20時を境にレコードがひっくり返されたのだ。僕のようなミュージシャンなどの夜間営業に従事している人たちは皆、このB面に属すことになった。夜の街にこだわった行政は、ｃｏｖｉｄ－19という〝悪しきもの〟もまた、このＢ面に押し込めておけるのではないか、と考えたのだろう。ところが、たとえ面を変えても同じレコードの裏表に過ぎないのだ。B面だけがウイルスに感染することは有り得ず、「実は同じ１枚のレコードだ」という事実が突きつけられた事態でもあったと思う。

さて、話を戻そう。初めてレコーディングされたＨＩＰＨＯＰの曲と言われる「Rapper's《ラッパーズ》 Delight《デライト》」はシングル盤だ。元々歌手だったSylvia《シルヴィア》 Robinson《ロビンソン》とその夫・Joe《ジョー》 Robinson《ロビンソン》は自分たちのレコードレーベルを経営していたが、１９７０年代後半には倒産寸前にまで追い込まれていた。そんな時期にシルヴィアはたまたま訪れたクラブでDJ HollywoodとＭＣのLovebug《ラヴバグ》 Starski《スタースキー》がパーティーを盛り上げている様子を目撃する。ＤＪがレコードをかけ、ＭＣがラップで盛り上げると、客がそれに呼応する。そこで行き交う凄まじいエネルギーが、シルヴィアにあるヴィジョンをもたらした。「このエネルギーをレコーディングして曲にできないだろうか」。シルヴィアはすぐに行動に移る。地元ニュージャージーでラップができそうな（実際はラッパーですらない）若者を3人スカウトし、レコーディングの準備を始める。これが伝説のＨＩＰＨＯＰグループThe《ザ》 Sugarhill《シュガーヒル》 Gang《ギャング》の始まりだ。バックトラックは彼女がクラブで目撃した時にDJ Hollywoodがかけていたｃｈｉｃ《シック》の「Good《グッド》 Times《タイムス》」をそのままバンドで焼き直したものだ。シルヴィアはクラブで目撃したパフォーマンスをそのままレコーディングしようと思ったため、できあがった曲には構成もなく、しかも15分の長尺になってしまう。

だが、この作品は異例の大ヒットを記録する。シングル盤は世界中で売れて、全米トップ40にも入った（正規ルート以外でも売っていたので、実際はもっと売れている）。当時のＰＯＰＳを音楽業界のメインストリームとしてA面とするなら、まさにＨＩＰＨＯＰはそのB面として最初のシングルを送り出したのだ。こうしたＨＩＰＨＯＰ黎明期に起こった日常のちょっとした気づきが世界を変えていくという事実やいかがわしい逸話の数々に僕は大きな魅力を感じている。無限に広がるブレイクビーツのループのように僕らの日常には可能性が満ちているのだ。

社会を1枚のレコードに例えるなら、そのレコードの曲自体は何を表しているのか？　僕は時代、あるいは現在という観点が妥当だと思う。その時、その時でレコードにはA面とB面がある。そして、HIPHOP的発想で言えば、そのレコードをひっくり返すことで社会が変貌していく。婦人参政権、公民権運動、Black Lives Matterといった社会運動は、その時々のレコードのB面がひっくり返されてプレイされるようになったものだと僕は思う。

では、このレコードをかけたり、ひっくり返している主体は誰なのか？ HIPHOPで言えば、DJは誰なのか？ 例えば、権威主義体制であればそれは独裁政権であり、絶対君主制であれば王が気ままにレコードを変えたり、ひっくり返したりしてきた。現在日本では民主制が採用されているが、実は主権者、つまり、市民がDJとしてレコードをプレイしているのだ。第7章で「日本は民主主義という看板を出しているだけで民主主義社会ではない」と指摘した。戦争に敗れてアメリカに占領された時に民主制の看板だけは掲げられたが、いまだにその看板が何を意味するのか、社会全体としては理解できていない状態だと思う。自分たちがレコードをかけているDJであると自覚できれば、初めて日本社会も民主制というプレイリストを、自らの選曲でかけることができるようになるだろう。よいDJならばスムーズにレコードを変えたり、A面からB面にミックスすることができる。DJのセンス次第で社会はどんどん変貌していくだろう。果たして僕らはどんなDJになればよいのか？

社会をレコードに例えた時、レコードはターンテーブルの上に乗せることで初めて再生できるという前提もある。DJがゴツゴツした岩やレンガをターンテーブルの上に乗っけても再生できない。レコードには33回転盤、45回転盤があり、7インチレコードや12インチレコードといったバリエーションもある。その仕様にフィットしたものでなければダメなのだ。

では、このターンテーブルとは何か？　それは狩猟採集から始まって定住社会を営み、その中で言葉、法律などを誕生させながら、発展してきた人類によってつくられた文化だ。僕たちが「社会は好きなように変えられる」と思ったところで、長年積み重ねられてきたターンテーブルという文化の制約から外れるのは難しい。人類が発展するたびにターンテーブルは定住化、産業革命などのバージョンアップを繰り返し、今は資本主義モデルになっているのだ。つまり、「ターンテーブルのモデルに応じてどんなレコードをかけるか？」という幅で選択がなされている。この幅を広いと解釈するか、狭いと解釈するか。もしターンテーブルのバージョンアップがあるならば、それは資本主義の次の段階を意味するだろう。

こうしたＨＩＰＨＯＰの思考を前提とした物事のとらえ方が自分の現状認識にも役立った。僕が病人になった経緯には日頃の不摂生から運、遺伝まで様々なパラメーターがあるはずだ。だが、そうした積み重ねを経て今の自分になっていることを受け入れなければいけない。これはターンテーブルごと転換するのが難しいのと同じことだ。

そのターンテーブルの上で今、どんなレコードがかかっているのか？　社会をA面、B面で例えたように、病気になってしまった自分の今を1枚のレコードとして再生してみる。世間一般で言われている〝健康なイメージ〟、〝五体満足〟あるいは〝心身ともに健康〟、〝健全な精神は健全な肉体に宿る〟といったA面の曲に対して、〝病気のイメージ〟、〝弱い存在〟、〝迷惑な存在〟としてのB面。このレコードのB面をA面と同じように爆音でかけて、そのリズムで踊るのだ。この時、自分というターンテーブルの上でレコードをプレイするイメージを持てば、自分を見つめるもう一人の自分を想定することができる。このもう一人の自分がDJとしてレコードをひっくり返す。そして、自分をモニターし、自分に最適の選曲をすることで自分のリズムを変えていけるはずだ。そのリズムに合わせて、ブレイクダンサーのように新たなダンスを生み出し、踊り出せるのだ。

スクラッチとグラフィティーが示す壁の外部

DJというとスクラッチをイメージする人も多いだろう。レコードを手で擦って音を出すパフォーマンスだ。最近では2019年にCreepy《クリーピー》 Nuts《ナッツ》のDJ松永がDMC《ディーエムシー》というDJの大会でスクラッチを駆使したパフォーマンスで世界一になっている。先述したように、HIPHOPとはそもそもDJがスタートさせた文化だ。ブレイクビーツの発見後にHIPHOPのDJは、いかにプレイするかで互いに切磋琢磨していった。スクラッチもその中で生まれた技法の一つだ。

1975年、ニューヨークはブロンクス在住の当時13歳のテオドアは、部屋でレコードを大音量で聴いていた。「うるさい！」と母親に怒られたテオドアは、慌てて手でレコードを止めたが、その時手が前後に動いてしまう。すると、プレイヤーからズビズビという不思議な音が鳴った。彼はこの音の虜になり、色々なレコードを擦り始めた。これがスクラッチの誕生と言われている。彼は後にGrand《グランド》 Wizzard《ウィザード》 Theodore《テオドア》と名乗ってＤＪとして活動するようになった。

スクラッチは、新しい音の誕生だったのだろうか？　いや、むしろそもそも世界に存在している音の再発見だと言えるだろう。世界にはレコードや楽器、楽譜では表せない様々な音が存在している。しかし、「音楽」というフォーマットの中で、音譜などの記号が当てはめられてしまうので、あたかもすべての音がそこに表され尽くしているかのように錯覚する人が出てきてしまうのだ。また、楽器を演奏する時も、ただ音を出すのではなく、楽譜に従って〝正しく〟音を出すという態度をとってしまう。この〝正しさ〟はそもそも一つの〝音楽表現〟に対する正解に過ぎないのだが、音全体がこうした〝正しい音〟、〝正しい和音〟の中に閉じ込められてしまうのだ。スクラッチはこうしてふさがれた感性を再び開く行為だと言えると同時に、固定したフォーマットや概念の外部と交信する行為でもある。スクラッチの誕生から年月を経るにつれ、次々と新しい型が生まれ、DJたちの挑戦は続いている。スクラッチは固定概念の、ひいてはシステムの、社会の外部を指し示し、再構築するのだ。

同じ構造はグラフィティーにも言える。今では世界中にグラフィティーが拡散しているが、そもそもはフィラデルフィアやニューヨークのアーティストが始めたものだ。初期は「タギング」と言って自分の名前を壁に描いたことが始まりで、それが「ピース」という大型の作品になっていった。彼らは、初期のHIPHOPパーティーで、DJたちが発見した新しいブレイクビーツのエネルギーと呼応する形で次々と街に出ていった。「ヴァンダリズム」は破壊行為主義と訳されるが、グラフィティーアーティストの中には、あえて公共物を破壊するというスタンスでグラフィティーを描くことがある。公的な場所とはそもそも〝みんなのもの〟を意味するが、行政権力によってしばしば〝誰のものでもない〟空間に成り下がってしまう。日本では特に顕著だが、行政による禁止事項が並んだ場所は、歪な場所と化してしまう。

このような場所にグラフィティーが出現すると、「場所が持つそもそもの意味」についての気づきが与えられる。そして、個／私によって公とされる場所の意味が塗り替えられるのだ。公共物破壊は紛れもない違法行為だが、それによって法の存在が明らかになり、公とその外部が同時に指し示される。壁にグラフィティーが描かれることによって、僕らはそこに壁があることを認識できる。つまり、壁は法であり、社会だ。グラフィティーはそうした壁に気づかぬうちに取り囲まれている事実を僕らに認識させ、その外部への志向をもたらすのだ。

なぜ、外部を志向することが大事なのか？　スクラッチやグラフィティーが指し示してくれる外部とは、固定観念の壁の向こう側だ。僕の場合は、病気になった時に感じた精神が内向きになってしまうようなマイナス思考や物理的な入院生活、そして、病気は弱い、怖い、迷惑だという周囲からのレッテル貼りが壁であったことに気づいた。一度病気という壁の中に入ってしまうと、自分一人では外部に気づくのは難しい。だが、ＨＩＰＨＯＰの凄まじいスクラッチ音やカッコいいグラフィティーがそのことを教えてくれたおかげで、壁には外部や向こう側があること、そして、自分が認識の壁の中にいるだけだということに気づけたのだ。こうしたＨＩＰＨＯＰの思想は実はデリダやドゥルーズといったフランス現代思想の哲学とも接続する考え方なのだが、ストリートのアートが同じ思考法に辿り着いている点が実に面白いと思う。

言葉は箱

僕が壁や固定観念の外部を改めて認識できたように、物事の構造を分解し、再構築するのがＨＩＰＨＯＰの基本だ。そして、ラッパーが扱う言葉もまた同じ概念でとらえる必要がある。

僕は、言葉がただの箱であり、問題となるのはその中身だと考えている。言葉という箱には世界に溢れている様々な事象の中からすくい出されたものが入っているが、箱には有限性があり、常に何かを取りこぼし続けている。言葉を発した瞬間に、言わなかったことも瞬時に誕生するのだ。つまり、何かを言うたびに何かが言えなくなる、という構造だ。

僕はこのように箱に意味を入れ続けながら並べていくのが、言葉を使ったコミュニケーションだと思っている。箱が並ぶにつれ、その源泉となる意味の流れ、文脈も同時に浮かび上がってくるという仕組みだ。人と人の会話とはこうした言葉の箱を相互に並べながら、その背景に流れる文脈を互いに感じていく作業なのだ。ちなみに、言葉の箱にはラベルが貼ってある。「花」「水」あるいは「悲しい」などといったラベルは、様々な事象から意味をすくい上げて並べる過程で、ある程度の確認作業を経て貼られていく。この過程は文化によって様々な差異が生じるが、本項では日本語についての話を進める。

花という言葉は、植物としての花そのものを指し示す以外にも「あなたは花のようだ」あるいは、「花が咲いたような瞬間」といった使い方もできる。こうした言葉の使い方をする時、僕は意味が遅れて箱の中に収まる感覚を持っている。花という言葉を出した後で、花という言葉に収まりそうな意味や事象が遅れてやってくる。この時間差が言葉を次々と並べていく営みにライブ感、ドライブ感をもたらしてくれるのだ。本来は、言葉の前提となる文脈、その前提となる世界の事象があるはずだ。ただ、一旦このようなラベルが貼られると、言葉は文脈から切り離しても、同じ意味を持つようになる（互いに認識できるようになる）。

辞書に並んでいる言葉がまさにそうだ。文脈から切り離して独立した箱として存在している。こうなるとラベルさえ貼ってあれば、中身の意味も伴っているという使い方が可能になってしまう。昨今の政治家の空虚な言葉、例えば「真摯に向き合う」とか「遺憾に感じる」と言った時、ラベルを貼った箱は並べられているものの、本当に中身を伴っているかは疑わしい。本来は互いに文脈を感じながら交わされていたはずの言葉が、ラベルの確認だけになってしまう。問題は箱の中身のはずなのに、空っぽの箱を並べて何かを言ったふりができるようになってしまうのだ。実はラッパーは、こうした特性を踏まえて言葉を使っている。そもそもラップとは言葉を使った演奏の一つの型、ヴォーカルテクニックである。今では様々なラップのスタイルがあるが、基本的に重要になるのはリズムへの意識だ。ＨＩＰＨＯＰにおけるラップの基本はＤＪたちが生み出したブレイクビーツの上で言葉をリズミカルに演奏することであると言える。それでは、ラッパーはリズムをどうやって認識しているのか？　例えば、ドラムであれば、バスドラム、スネア、ハイハットのような音がある周期で鳴れば、そこにリズムが生まれる。つまり、同じ音が繰り返されれば、そこにリズムが誕生するのだ。

言葉の場合、楽器の音に当たるのがライム、日本語では韻と言い、二つ以上の言葉の母音を揃えることを「韻を踏む」と表現する。この母音が揃った音がリズムを生むポイントになる。ちなみに、ラップのスタイルはビートの上でライムが生み出すリズムのパターンで類型化されていく。オールドスクール（ＨＩＰＨＯＰ初期のブレイクビーツだったり、ドラムマシーンによる打ち込みのビート）、ブームバップ（80年代末〜90年代のＨＩＰＨＯＰ黄金期と呼ばれる時代のサンプリング主体のビート）、トラップ（90年代末、米南部から発生したシンセと複雑なハイハット、大きく響くバスドラムなどが特徴的なビート）などといったように、ビートの上でそれぞれに適したラップスタイルが生まれている。ラップにおいてはある言葉を目立たせるために、あえて韻を踏まないこともあるが、これもライムが並んでリズムをつくっていることが前提だ。

言葉を箱に例えた時、ライムは箱の形状だと考えれば分かりやすい。同じ母音が揃った言葉は同じ箱の形をしている。ラッパーはビートの上でこうした箱を並べていく。様々な形状の箱を並べて、同じ形の箱で韻を踏んでリズムをつくっていく。ただ、これらの箱にもラベルが貼られている。ラッパーはラベルの中身を想像させるように箱を並べて物語を伝えたり、あえて箱の形だけ揃えた言葉遊びを展開することができる。意味を優先して言葉を並べることもあれば、箱の形を優先して言葉を並べて、言葉に遅れて意味がやってくることもある。

例えば、僕のバンド・ベーソンズの曲「Ｄｒｅａｍｅｒ」では「気づけばま〝わり〟に近所の〝ガキ〟　一言も喋れない俺に指〝差し〟　着いてこいのポーズ　いつしか隣〝町〟」では〝わり〟と

〝ガキ〟、〝差し〟と〝町〟といった〝ア〟と〝イ〟という母音で韻を踏んだ言葉を並べ、歌詞に意味を持たせている。一方、同じ〝ア〟と〝イ〟で韻を踏んでも「片っ端から並べる眼差し、あちこち　向ける足　火をつけるため　くべる薪」という歌詞だと、言葉を並べても意味が通っていない印象を受ける。だが、それぞれの言葉をイメージすることで情景が浮かび、何かがつながっているような感覚が持てるのだ。これが言葉の背後にある文脈が遅れて浮かび上がってくる感覚だ。こうしてラップが生まれると言葉の背後に広がる世界から意味が次々箱の中にやってきて、新たな文脈がリズムに導かれて浮かび上がる。優れたフリースタイルラップは、即興で次々と世界から新しい文脈を生み出していくものだと言える。

ラッパーは言葉が箱である特性を使って様々な実践をしている。言葉を、中身が空っぽなままラベルだけ並べるという先述の政治家に代表される空虚な言葉の使い方を逆手に取り、言葉の箱の中に反対の意味を入れて使うこともできる。例えば、BADを良いという意味で使い、CRAZYをイケてるという意味で使うのだ。そう、どうせ空っぽなら箱の中身を入れ替えてしまえ！　ラベルと反対の意味を入れるのはエネルギーのベクトルを反転させる行為で、言葉の意味をA面からB面に変える試みとも言える。こうした言葉の中身の入れ替え作業によってHIPHOPでは「病気、病んでる」を意味するILLに「ヤバい」という中身を入れ、「薬物」を意味するDOPEには「カッコいい」という中身を入れた。「ヤバい」もそもそもは「厄場」、都合の悪い場所としてのやばが形容詞化して意味が反転したものだ。言葉の中身のエネルギー量は同じで、それを反転させる。その結果、脳梗塞を患って薬を毎日飲んでいる「ＩＬＬでＤＯＰＥ」な僕は「ヤバくて、カッコいい」ラッパーだと胸を張れるようになったのだ。

すべてはフロー

ラッパーが言葉の箱を次々とリズムに乗せながら並べていくと言葉の流れができてくる。これをフロー（ＦＬＯＷ）と呼ぶ。ライムでリズムを刻みながら意味やイメージに変化を起こし、意味を拡張し、意識を覚醒させ、意志を確定していく。言葉を能動的にフローさせていたはずが、気づけばフローに導かれるようになる。言葉を流し、流されていくことでラップが完成していく。永続するブレイクビーツのリズムの上で次々とフローが生まれ、ぶつかり、飛沫を飛ばし、別れ、また合流し、ラッパーは身体と意識が「個にして全、全にして個の境地」に至る。

「万物はすべて流れていて留まることがない」。これが僕の世界観だ。燃え盛る炎はパッと火がついてから消えるまで一貫して炎として認識できるが、その過程において一瞬たりとも同じ姿はしていない。流れる水もどの瞬間においても同じ姿をしていない。これは人間についても同じだ。人間は変わらないと認識している人もいるだろう。変わらないことを前提に考えるから、病気や怪我をしても元に戻る、戻れると考えてしまう。だが、実際は生まれてから老衰していくまで毎秒のように細胞が蠢《うごめ》き、新陳代謝を繰り返している。つまり、人間もまた流れであり、そもそも病気をしていようがいまいが人間は元に戻ることはない。病気はむしろ人が流れていることに気づくきっかけに過ぎない。それは川の分岐点のようなもので、そこから別れた流れは激流になったり、滝になったりするだけだ。

では、個体としての死は流れが止まったことを意味するのか？　僕はこれも違うと思う。人の死は周囲の人々の感情に大小様々な波紋を起こすことになる。その感情の波紋の余波が新たな流れをつくり、時によっては1000年単位で流れ続けることになるのだ。これはイエス・キリストや釈迦、あるいはアリストテレスや孔子といった人々の言葉や存在が、後世に今なお波風をつくり出していることからも分かるだろう。

また、人は物質的に灰となっても土に収まることで周囲に影響を与える。焼かれて煙になることでも周囲の空気の流れを変えることになる。世界は一瞬一瞬に何らかの形を指し示しながらも常に流れている。僕ら人間の営みもまたその大いなる流れの中にある。人間や生物の感情の流れも、そして、物質的な身体の流れも包含されて大小様々なものが流れている。言わば、エネルギーの流れ、エナジーフロウだ。坂本龍一のドキュメンタリー映画「Ryuichi

Sakamoto:CODA」の中で、彼が北極圏で鈴を鳴らすシーンがある。澄み切った空気の中を鈴の音の余韻がどこまでも広がっていく。空気の振動、空気の流れに感動した坂本の表情が素晴らしい。

様々な文化圏において、子供が成人するための通過儀礼が用意されている。これは山や森の中に入って戻ってくる、崖などから飛び降りて戻ってくる、沖まで泳いで戻ってくる、といったように往還構造になっていることが大事だ。子供たちはこうした場所に行って戻ってくるのだが、実は戻ってきた場所は同じ場所ではない。通過儀礼を経ることで同じ場所に対して再帰的な視点を得るようになるのだ。これを人類は成人、人に成る儀礼だと考えてきた。この往還構造もまた一つの流れ、回流だ。

僕の場合、脳梗塞で片目を失明し、腎臓や膵臓の数値が悪化した当初は「もう元には戻れないのだろうか?」と悩んだ。病院で見た腎臓のビデオでも「腎臓が悪化するとポイント・オブ・ノーリターン、もう戻れません!」と告げられたのだ。だが、実は軽い風邪程度でも熱が引いた後は元には戻っていない。風邪を引いた後の自分になっているのだ。だから、僕は病気という通過儀礼、回流を経て、同じであって同じでない自分を獲得したのだと気づいた。僕は病人に成ったのだ。

第 10 章

ビートたけしの挑戦状

次女の誕生

２０１７年7月に鎖グループを退社してからは、フリーとして数少ない仕事をかき集めながら、やりくりしていた。ラップもベーソンズの活動も収入には全くつながらなかったが、音楽活動はライブにしろ、制作にしろ、熱中できるので、アドレナリンが大量に放出される。これが病気を抱える僕にとって、とにかく精神面での安定に役立った。ベーソンズのメンバーは、ドラムにオータコージ、ベースに勝原大策と現在のメンバーに変わり、パフォーマンス自体にもかなり手応えも感じるようになってきていた。しかし、妻も働いていたものの、２０１５年には次女が生まれ、いよいよ「生活をどうするのか？」という問題から目が逸らせなくなってきていた。

僕の二人の娘は、妻の希望もあり、自然分娩で産んでいる。長女は自宅から5分の場所にあった産婦人科で出産し、次女はその病院がなくなってしまったので、隣町の産婦人科で産まれた。長女の出産時は陣痛が始まって産科に駆け込めたものの、そこから22時間もかかった。僕は本当に何をしたらよいのか分からず、妻の手を握ったり、背中を摩《さす》ったりしながら見守っていた。夜に入院したのだが、深夜、隣の部屋から赤ん坊の鳴き声が聞こえてきた。同じ予定日の子が先に誕生したのだ。その泣き声を聞きながら妻と二人で笑った。入院して半日ほど過ぎた時、ふと妻の寝ている布団の横に目をやると、おにぎりが置いてあった。ぐぅぅとお腹が鳴ったので、思わず食べ切ってしまった。少しすると、妻が目を覚ました。

「あれ？　用意してもらったおにぎりがない」

「あ、ごめん……。俺が食べちゃった」

「何してんのよ。もう！　こっちは体力勝負なんだよ！」

手助けするどころか足を引っ張る始末だ。長女はあえて性別を確認しないでいた。男の子だったら「とら」、女の子だったら「ちあ」と名付けようと話していたので、お腹にいる間は両方の頭文字を取って「ちっとちゃん」と呼んでいた。

「ちっとちゃん、今何ミリかな？」「ちっとちゃんがお腹蹴ってきたよ」

そんなちっとちゃんは、本当にのんびりと出てきた。妻は必死に力んでいるのだが、とにかくゆっくり。時間をかけてようやく誕生した。ちっとちゃんが、ポンと看護師さんの腕に抱えられ、大声で泣き出した瞬間は、まるで雷に打たれたみたいだった。目の前に新たな生命が誕生していて、エネルギーを爆発させている。こんなに小さいのに爆発している！　その事実に感動してしまい、号泣してしまった。顔を見た瞬間に男の子だと思い込み、「とらだ！」と叫んだが、確認したら、女の子でちあだった。この時の顚末は「ちっとちゃん」という曲にして発表している。先日、ある知り合いがこの曲を聴いて感銘を受け、自分が妊娠した時に胎内の子をちっとちゃんと呼んでいた、と教えてくれた。

一方、次女の「いち」は、やたらとスムーズに出てきた。次女の場合、妊娠が分かった後すぐに医師から「女の子ですよ」と教えられてしまったので、名前は先に長女の案を採用して決まっていた。妻が入院したのは朝で、僕と長女も付き添っていた。長女と昼食を近くの蕎麦屋で食べ、産婦人科近くの児童館の工作室でお絵描きでもしようと座った時に電話が鳴った。看護師からだった。

「お父さん、近くにいますか？　もう生まれちゃいます！」

僕は慌てて立ち上がると、長女の手を掴んで、二人で猛ダッシュして病院に戻った。大急ぎで戻って病室に駆け込むと、まさに生まれる直前。長女と二人で次女の頭がポンっと出てくる瞬間をギリギリ目撃できた。事前に長女を立ち会わせることも妻と決めていた。「自分がどうやって生まれたのか？」「妹がどうやって生まれたのか？」について、知っておいてほしいと思ったからだ。

6歳の長女が生まれたばかりの次女を抱き上げる。次女はわんわん泣いて、家族みんなで大笑いした。僕が余命5年と宣告を受けた時、この二人の娘は8歳と2歳。何が起こるか分からない以上、一つひとつの瞬間をともに体験し、少しでも僕から授けられるものを渡していく責任とこの子たちの成長を見届ける責任の両方を強く感じた。だから、習い事の送り迎えでも、ちょっとした買い物に行く時でも、僕は娘たちと色々話しながら歩くようにしている。食事をしたり、いっしょに映画を観たりした後なども、とにかく話す時間をつくっている。何気ない言葉のやり取りが共通の体験として記憶されていくのは、僕も自分の両親から教わっている。両親も早く他界したが、僕にもどれだけ時間があるのかは分からない。

浅草キッドの煽り文句

こうして40代は不惑どころか、大いに不安定な中で進行していくことになったが、2017年に始まったNEWS RAP JAPANはかなりの人気番組となり、2年半ほど続いた。毎週の放送に加え、クラブで開催したライブイベントも大盛況だった。この時期、僕は病気を抱えながらもこの番組に参加していたことで大きな力をもらっていたと思う。

また、NEWS RAP JAPANでニュース解説を担当してくださっていた宮台さんと番組で会ううちに、東京都立大学（当時は首都大学東京）で毎週開催されている宮台ゼミに「外部生として参加しないか？」と誘われた。40の手習いも悪くない、と思い参加してみたら、そこで展開されている議論のレベルの高さに驚かされた。ゼミで扱われる文献や映像には刺激的なものが多く、毎週火曜日に大学のある南大沢まで1時間以上かけて通っては、5時間にもわたるゼミで議論を楽しんだ。

ヴィヴェイロス・デ・カストロ、ベンヤミン、カント、ヘーゲル、ニーチェ、ハイデガー、フーコー、フロイト、ラカン、ルーマン、ウェーバー、マートンといった近現代の思想からイエス、釈迦、プラトンなどの古典まで……。こうした膨大な先人たちの思想と哲学を宮台さんが、学問的体系に沿って説明して理論立てていく。ラジオやテレビなどのメディアで見られる快刀乱麻を断つ宮台流が、実はとてつもない知識に裏打ちされていることが分かった。そして、ゼミで学んでいく中で、物事全般の理解と解像度が高まっていくのも実感できた。もとより学術書、思想書などは全く読んでいなかったわけだが、宮台さんの解説によって実は自分の中を巡っていた考えが様々な形で言語化されていたり、思考されていたりすることに気づいた。これにはとても興奮した。

宮台ゼミでは春と夏には合宿があった。これを通じてゼミ生たちともどんどん仲良くなれた。学生、社会人、学者と多岐に渡る人材が学びのために集まる環境は、大学入学後すぐに音楽に没頭して中退した僕にとっての20年遅れの学生生活だ。

NEWS RAP JAPANが最初の編成期を乗り越え、続行が決まった時には、番組スタッフが打ち上げを企画してくれて出演者みんなで参加した。その時、プチ鹿島さんとこんな会話をした。

「ダースさん、そんなに喋れるんだから、どこか事務所に入れば仕事が増えるんじゃないですか？」

「そうですかね。でも事務所といってもどこがありますかね？」

「僕が所属してるオフィス北野だったら、話してみることはできますよ」

この時、鹿島さんのマネージャーNさんも同席していた。

「ダースレイダーさんだったら、僕の上司に紹介できると思います」

オフィス北野（現・TAP）。これは僕にとってはまさかの提案だった。

P-VINEでのインディーズデビュー以降、僕はノリノリだった。すでにHIPHOP業界は先輩たちがたくさんいて、現役で活躍中だった。だから、「ただ、レコード会社と契約してレコードを出すのでは後塵を拝するだけ、何か奇策を練らなければいけない！」と常々考えていた。僕のグループ、MICADELICもそもそも師匠や先輩を持たないというスタンスを打ち出していた（お世話になった方々はたくさんいる）。ちょうどその頃、ある雑誌に浅草キッドの二人のインタビューが載っていたので読んでみた。そのページには、「とにかくおもしろいやつを探してる！　自分がおもしろいと思うなら、俺たちのところに来い！」といった煽り文句とともに、オフィス北野の住所が記されていた。この記事を読んだ瞬間に「これだ！」と強い衝動が身体を駆け巡った。

オフィス北野と言えば、ビートたけしの事務所だ。ここで僕のビートたけしの思い出を語っておきたい。4歳でパリから日本に戻り、6歳でロンドンに行くまではテレビで「オレたちひょうきん族」ではなく、ドリフターズばかりを見ていた。ところが、10歳でロンドンから帰ってくると、テレビはビートたけし一色になっていた。「天才・たけしの元気が出るテレビ!!」「スーパーＪＯＣＫＥＹ」「ビートたけしのスポーツ大将」「痛快なりゆき番組 風雲！たけし城」……。とにかくどのチャンネルに合わせても、どの雑誌を見てもビートたけしが目に飛び込んでくる。１９８６年には「フライデー襲撃事件」があったわけだが、その後ちょうどテレビに復帰して、ますます勢いを増していた時期に僕は帰国していた。僕はビートたけしの速射砲のような喋りのグルーヴとリズムにとにかく魅力され、一気に大好きになった。ファミリーコンピューターのゲームになった「たけしの挑戦状」は難し過ぎたが「たけしの戦国風雲児」は弟と遊びまくった。

ビートたけしの出演するテレビ番組の中で特に好きだったのは「天才・たけしの元気が出るテレビ!!」だ。この番組のせいで、僕は松方弘樹という人は、とにかくよく泣く人なんだな、と思うようになった。この番組の「勇気を出して初めての告白」コーナーに影響を受けて、中学の時には近所の駅で女の子に「友達になってください！」と声を掛けた。この時はコーナーのテーマ曲、Bobby《ボビー》 McFerrin《マクファーリン》「Don't Worry Be Happy」を口ずさんで心の準備をした。結果は、その場でお断りだったが……。

番組の人気コーナー「ダンス甲子園」のテーマ曲がHeavy《ヘビー》 D & the《ディーアンドザ》 Boyz《ボーイズ》の「Now《ナウ》 That《ザット》 We《ウィー》 Found《ファウンド》 Love《ラヴ》」で、これが僕の初めてカッコいいと思ったＨＩＰＨＯＰの曲だと思う。当時の日本はMC《エムシー》 Hammer《ハマー》の「U《ユー》 Can't《キャント》 Touch《タッチ》 This《ディス》」のパロディーが同時発生していたので、僕の中でＨＩＰＨＯＰはあまりカッコいいものとして認識していなかったと思う（今思えば、かなりファンキーな曲だった）。日本のＨＩＰＨＯＰアーティストを初めて見たのも、この番組内の高田純次の「突撃街頭インタビュー」コーナーだ。「英語を使わずにラップする集団がいる」というテーマで、ＭＣ仁義さん率いるＺＩＮＧＩ《ジンギ》がインタビューを受けていた。高田純次の最初の質問が「日本語しか使わないいんですよね？　ＭＣが英語である件について一言お願いします」だった。この後、怒ったＭＣ仁義さんが高田純次を渋谷の街中で追い掛け回すという展開になり、大爆笑だった。

そんな中、今度は監督、北野武として「その男、凶暴につき」が公開された。これは確か叔父の汎に連れて行ってもらって観た。その内容は圧倒的だった。ビートたけし演じる主人公・我妻が高校生の家に乗り込んでいくシーン、そして、我妻の妹が監禁されているシーン。映画全編にわたってなんとも表現しがたい恐怖と緊張と興奮を味わった。その後も北野映画が公開されるたびに劇場に足を運び、「この作品を体験しておかなければいけないんだ！」という強い使命感をなぜか帯びるようになっていた。

先述の通り、僕がMICADELICとしてリリースしたデビューシングルのタイトルも「この男凶暴につき」だった。レコードジャケットはQuentin Tarantino監督の「レザボア・ドッグス」のパロディーだ。当時の僕は北野映画とタランティーノ映画を同じような文脈でとらえていたと思う。後年、北野映画の「BROTHER」の主人公・山本を演じるビートたけしのセリフなどをサンプリングし、映画にも出演している真木蔵人さん（Aktion《アクション》名義）とZeebraさんがつくったカッコいいインスパイア・ソング「Neva《ネヴァ》 Enuff《イナフ》」をリリースした。北野映画と日本のHIPHOPシーンの距離がグッと近づいた時期もあった。

ビートたけしのバイク事故とその後の会見にも強い衝撃を受けた。事故後に出版された『顔面麻痺』という著作は、僕が入院した時の心構え、指針になっていたと思う。ビートたけし関連の本は、とにかく買い漁って読みまくっていたし、特にロッキング・オンから何冊も出ていたインタビュー本は何度も読み返していた。このように振り返ってみると、かなりビートたけしに入れ込んでいたとは思うが、世の中は広く、はるかにレベルの高い〝たけしスト〟がたくさんいるので、僕なんかは、ひよっこの未熟者ではあると思う。

話を戻そう。浅草キッドの煽り文句は、僕にとってそんなオフィス北野の、いや「たけしの挑戦状」だと感じられたのだ。そこで、僕は自分のラップが〝いかにおもしろいか〟という自己解説を並べた手紙を書き、MICADELICの相棒でもあるDJオショウと制作していた音源をデモテープに入れてオフィス北野に送った。ところが、残念なことになんの返信もなかった。HIPHOP業界の搦手《からめて》からの奇襲は計画倒れとなったが、その代わり自主レーベルDa.Me.Recordsを設立してインディーズから狼煙《のろし》を上げる道を歩むことになったのは前述した通りだ。僕はオフィス北野に入ろうと思ったことすら忘れていた。プチ鹿島さんの言葉を聞くまでは。

オフィス北野入社

2017年の夏の終わり、僕は渋谷エクセルホテル東急のラウンジにあるカフェに座っていた。向かいにはスーツ姿の男女。一人はプチ鹿島さんのマネージャーNさん、もう一人はその上司である女性だ。女性がゆっくり口を開く。「お会いするのが遅くなってすみません。事務所総出で映画事業に関わっていたので」

映画とはこの年の10月に公開される予定だった、北野武監督作品「アウトレイジ　最終章」のことだ。これはいよいよ現実的だ。そこで、僕は長年のビートたけしへの思いを改めて滔々と述べた。だが、女性の方は淡々としている。

「ダースレイダーさん。もしこの後、オフィス北野の所属になったとしてもたけしさんには会えませんよ」

ええ、そうなの⁉　たけしさんの事務所なのに⁉

「所属している芸人やタレントでも5年、いや10年会えない人もいます。もちろんテレビ番組などでいっしょになる機会があれば挨拶はできますよ」

なるほど、そうか。たけし城の天守閣は遠い。そして、「たけしの挑戦状」は、やはり簡単なゲームではなかった。それでも近づいてはいる。そもそもプチ鹿島さんは、事務所に所属すれば仕事が入るかもしれないから紹介してくれたのだ。僕は余裕をかましていたが、稼ぎの少ない病人だ。当てが外れた表情など出さずに、オフィス北野所属に向けての話し合いを進めることにした。数週間後、赤坂のオフィス北野本社で契約が成立すると、宣材写真の撮影と東京スポーツの取材が入った。9月21日の東スポ紙面に「東大中退隻眼のラッパー、オフィス北野へ所属」という見出しの記事が載った。いよいよ始まった。マネージャーはNさんが就いてくれた。脳梗塞、片目、余命5年。「もう終わっちゃったのかな?・」に対しての「バカヤロー、まだ始まっちゃいねえよ」。北野映画「キッズ・リターン」の名台詞だ。僕はオフィス北野所属になった後、その高揚感を保つため北野映画のサントラをｉＰｈｏｎｅにぶち込み、聴き続けていた。井の頭線に乗っている時には、久石譲がつくった「Kids Return」を聴いていた。渋谷駅に着く直前、あるフレーズが頭に降りてくる。

「20年前に送ったデモテープの返事がやっと来たんだ。そろそろガキに戻る時間だ。キッズ・リターン、ＨＩＰＨＯＰを選んだんだ」

すぐにスタジオで働いている友人の高澤一平君に連絡して録音した。高澤君は鎖グループ時代にエンジニア募集した時に応募してくれて、それ以来ベーソンズの現場なども手伝ってもらっていた。曲は「Kids Return」の原曲の上にラップを乗せるだけ、いわゆるビートジャックだ。曲ができると今度は映像周りでいつも手伝ってくれていた渡部貴士君に連絡して映像の相談をした。渡部君は「『キッズ・リターン』のロケ地、小島新田に行きましょう」と提案してくれたので、高澤君と3人で出掛けて1日で撮影を終えた。そして、できた曲をNさんに聴かせたら彼の表情が曇った。

「ダースさん、『キッズ・リターン』の権利はうちではありません。曲も違います……。ただ、うちから曲をつくるな、とは言えないので、もし怒られたら取り下げてください」

「ええ、そうなの⁉」とまたまたびっくりしたが、「怒られるまでならＯＫだろう」と

YouTubeにアップした。オフィス北野の先輩となるマキタスポーツさんが曲を褒めてくれた。「たけしさんへのアプローチはみんな試みるけど、これはよくできている。サビが英語なのもよいね」と評してくれた。そして、水道橋博士さんからも曲を褒めてもらえた。実はNさんは僕とプチ鹿島さん、そして、博士さんのマネージャーを務めていた。博士さんの著作『藝人春秋』にも登場している。また、博士さんは、自分が企画しているライブ「ザ・フランス座」のオープニング曲に僕の「Kids Return」を採用してくれた。この曲の2番の歌詞をライブに出演するゲストの経歴でつくってほしい、と頼まれてナインティナインの岡村隆史さんバージョン、そして、カージナルス（つまみ枝豆さんとガダルカナル・タカさん）バージョンをつくっている。

この曲の歌い出しのデモテープのエピソードの部分。博士さんが自宅の棚を探してくれたら、僕が当時送った手紙とデモが発見された。当時は、返事がなかったが、保管してくれていたのだ。ここに来て、ようやく返事が届いた、というわけだ。この曲は3バージョンとも今のところまだ怒られることなく、YouTubeで視聴できる。ちなみに、事務所からの仕事はまだ少なかったが、この時期に田原総一朗さんのご指名で「朝まで生テレビ！」にも出演している。なぜかテーマは北朝鮮問題で、僕は朝4時過ぎに「日本は唯一の被爆国として核兵器廃絶の立場で世界のリーダーシップを取るべきだ！」と言った。すると、田原さんに「黙れ！　黙れ！　黙れ！」と怒られた。今思うとよい思い出だ。

たけしへの道

さて、「たけしさんには会えませんよ」。

この挑戦状、どう受けて立ったらよいものか？　実は以前、風営法の改正活動をしていた時、Zeebraさんが「ビートたけしのTVタックル」にゲスト出演したことがあった。僕は、出演はしなかったものの、論点整理を手伝うため、同行していた。この時もスタジオにたけしさんはいた。ただ、Zeebraさんが挨拶に行く時に僕はついていけなかった。何者でもない状態で会ってはいけない、と強いブレーキが働いたのだ。

だが、今はラッパーとしてオフィス北野に所属しているから、会いに行ける。渡部君と相談してYouTube上で「たけしへの道」という企画を立てた。たけし軍団の方々、一人ひとりに会って話を聞きながら、たけしさんと会うことを目指す内容だ。最初にお願いしたのはグレート義太夫さん。義太夫さんは、軍団の音楽担当であり、名曲「浅草キッド」の誕生にも関わっている。ラッパーとしてオフィス北野に加入した僕が話を聞くには最適だと思った。義太夫さんは快諾してくれて、たけし軍団の構造、たけしさんへのアプローチ方法などをアドバイスしてくれた。義太夫さんにはこの後も色々とお世話になった。

Ｚｅｂｒａさんが司会を務める番組「フリースタイルダンジョン」で「Kids Return」をライブで歌った時は、ライブＤＪをお願いし、僕主催のライブでは、ベーソンズが伴奏を務める形でいっしょに「浅草キッド」をラップ入りで歌った。そして、僕の腎不全が悪化していくと、人工透析歴15年以上を誇る病気道の先輩として教えを乞うことになった。二人の病気漫談は「イル・コミュニケーション」というこの本と同じタイトルで僕のＹｏｕＴｕｂｅでアーカイブを見ることができる。

次の「たけしへの道」のゲストは、井手らっきょさんを考えていた。らっきょさんの息子・ＲＯＯＫ《ルーク》は実はラッパーで、一度イベントでも共演したことがあった。らっきょさんが熊本に戻るタイミングでＲＯＯＫとサプライズラップを聴かせるという企画だ。こうやって一歩一歩「たけしへの道」を歩むつもりだったが、２０１７年の年の瀬、博士さんから一通のメールが届いた。「たけしさんに年末の挨拶をしに行くけどいっしょに来ないか？」という誘いだった。

当時、たけしさんはＴＢＳテレビ土曜日22時からの「情報7daysニュースキャスター」という番組に出演していた。生放送なので本番前の楽屋にたけしさんはいる。むしろ、このタイミングでしか確実にたけしさんに会うことはできない。博士さんはそこに挨拶に行くと言う。僕は「もちろん行きます」と返事した。入所して3ヵ月しか経っていない。

赤坂のＴＢＳにはそれまでにも主にラジオ出演で何度も行っている。その日は昼間に恵比寿のLIQUIDROOMでlyrical《リリカル》 school《スクール》のライブを観に行った。会場で電撃ネットワークのギュウゾウさんに会ったら、「たけしさんは怖いぞ」とだけ伝えられた。

夕方、中高時代の同窓会に顔を出してから赤坂へ。地下鉄千代田線赤坂駅からＴＢＳまではほぼ直通で行くことができる。ところが、この日、僕はなぜか出口を間違えてしまった。駅の反対側に出てしまい、しかも、なぜか逆方向に歩いてしまっていた。いつまで経っても着かない。見上げると、ＴＢＳのビルは聳《そび》え立っているのだが、辿り着けない。まるでカフカの『城』のような感覚だ。急いで走って息を切らせながら、なんとかＴＢS前に行くと、博士さんとＮマネージャーがすでに入口で待っていた。「なぜか出口を間違えてしまいました」と伝えると、「たけしさんと会う時はそういうことが起こるよ」と言われた。

ＴＢＳテレビのフロアに着くと、廊下には背広姿のお偉いさんと思しき人々がたくさん溜まっていた。その人たちをかき分けながら、博士さんについていくと、楽屋の入口があった。大きな入口の奥で二手に分かれている構造だ。右手には、「ビートたけし様」というプレートが貼ってある。博士さんがその前でピタッと止まり、腰を落とした。

「まだです。待ってください」

まるで忍者のように博士さんが空気を読む表情をした。重心をグッと落として待機する。僕もそれに合わせて腰を落として膝を曲げていた。

「今です!」

博士さんはそう言うと、パッと部屋の中に飛び込んでいった。僕も慌てて後を追う。すると、部屋の中から博士さんの声が聞こえる。

「殿、ラッパーを連れてきました」

殿。殿と言った。ここはまさに殿がいる、たけし城の天守閣なのだ。僕も部屋に入り、くるっと身体を回すと目の前にその男が立っていた。着替え途中でワイシャツのボタンを止めているところ。そう、目の前にビートたけしがいたのだ。この時、冗談ではなく、空間が歪んだ。グニュッと空間が捻じ曲がる感覚。これは脳梗塞で倒れた時の世界が回る感覚と似ているようでまた違う。異世界に迷い込んだような、サイケデリックなトリップに似た現象だった。

「おう、よく来たな。あんちゃん、まぁ座んなよ」

たけしさんがそう言った。座れと言うので座ろう。楽屋は広く、椅子はたくさんあった。たけしさんの目の前の椅子に僕は腰を下ろした。ところが、ふと気づけば他に誰も座っていない。お偉いさんやらスタッフやら、部屋にはアル北郷さんや〆さばアタルさん、ゾマホンさんもいたが全員立っている。博士さんに至っては、後ろ手を組んで立っている。椅子はたくさんあるのに誰も座ってない。これは……、座ってはいけないパターンだったのか? そう思った瞬間にお尻が椅子に吸い込まれるような感覚に陥り、身体が椅子から抜けなくなってしまった。たけしさんも座り、広い部屋で二人だけが座っている状況になった。

「おい、水道橋。俺らも確かラップのネタあったよな？」

たけしさんはそう言うと、突如自民党、公明党、共産党と政党名を並べ出した。ビートたけしのラップが始まっている。これはラッパーとしては応えないわけにはいけない。

「たけしさん、それなら……。かつては良しだ（吉田）とされた岸から飛び込む、倒れる幹（三木）、殺到（佐藤）する状況にあっそう（麻生）じゃ済まない、脈打つ心臓（晋三）止めないよ」と自民党の総裁を並べたラップを披露した。「決まった！」と思ったが、部屋は完全に静まり返っていた。シーンとして誰一人何も反応しない。「誰も息すらしていないんじゃないか？」という静寂だ。「どれだけ静寂が続くのか？」と唾を飲み込んでいたら、博士さんが口を開いた。

「ダースレイダーは『キッズ・リターン』のテーマの上でラップしています。これがいい曲なんですよ」

すると、たけしさんが一瞬考え込む顔をしてから、ひゅっと顔を上げる。

「ヤクザがさ、銃撃戦してんだよ。その下をさ、こうラップが流れていくんだ。どうだ、カッコよくないか？」

僕はすぐには反応できなかった。

「北郷、お前、脚本送ってあげてよ」

脚本？　もしかして、これは？　すると、博士さんがまた話す。

「たけしさん、ダースレイダーは病気で体調も悪くて後、余命1年なんです！」

ええ？　そこで話を盛りますか？　そう、僕は余命5年（ただし何も手を打たなければ）と言われていたが、この時点ではまだ4年以上残っていた。1年は盛り過ぎですよ、博士さん！

すると、たけしさんはじっとこっちを見つめて口を開いた。

「俺と付き合ったら死なねぇよ」

痺れた。文字通り、身体全体を電流が駆け巡ったような感覚だった。すると、テレビスタッフが部屋に入って来て打ち合わせの時間だ、と告げた。たけしさんは立ち上がると、スタッフといっしょに出て行った。そして、歪んでいた時空がまるで何事もなかったかのように元に戻った。

「博士さん、あの時座っちゃダメだったんですかね？」

「あれは仕方ない。それより、ダースさん。あなた、さっき言い返してましたよね？　あれ、ダメです」

言い返す？　ああ、ラップのアンサーのことか。それで部屋が完全に静寂に陥ったのか、と合点がいった。あれはやってはいけないことだったのか。

「あと、あの銃撃戦の話。あれはもしかして……」

「ダースさん、たけしさんは突然思いつく人です。いつ何時指令が降ってもよいように準備していてください。たけし映画の音楽を全部聴いておくことをお勧めします。そうすれば、いつ頼まれても対応できます」

たけしさんが打ち合わせから戻ってきた。スーツのジャケットを羽織るともう本番直前だ。今度はその場のみんなでたけしさんをスタジオに送り出す。楽屋の入口にずらりと並ぶ人たちの間をたけしさんが歩いていく。僕の前に来た時にたけしさんは足を止めた。

「こうやってよ、こめかみに銃を突きつける時に斜め上からラップが流れてくるんだよ」

自分のこめかみに拳銃を当てる仕草をする。

「あんちゃん、いいの頼んだよ！」

僕は一体何を頼まれてしまったのか。数日後、事務所から封筒が郵送されてきた。その中には北野武映画の脚本が1冊入っていた。この作品は今のところまだ制作されていない。僕はこの作品のためにラップをつくるまでは生きていなければならないだろう。それがたけしさんの言葉の意味かもしれない。この時はそう思ったが、この翌年、僕は本当に死とスレスレのところまでまた肉薄することになってしまうのだ。

第11章

ラッパーの葬式

再生しろ！

２０１８年になった1月早々、一人のラッパーの訃報を聞くことになった。ＥＣＤ《イーシーディー》だ。１９９０年「Pico《ピコ》 Curie《キュリー》」でデビューして以来、日本のＨＩＰＨＯＰを開拓してきたラッパーだ。１９９５年、YOU THE ROCK★とＴＷＩＧＹ《ツイギー》をフィーチャーした名曲「ＭＡＳＳ対ＣＯＲＥ」によって、ストリートで盛り上がってきた日本のＨＩＰＨＯＰ熱を見事に楽曲に封じ込めた。１９９６年には日比谷野外音楽堂で「さんピンＣＡＭＰ」を主催し、BUDDHA BRAND、SHAKKAZOMBIE、キングギドラ、RHYMESTERといったアーティストを一堂に集めて、一気にその封じ込めたＨＩＰＨＯＰ熱を爆発させている。僕がリアルタイムで最初に購入したのは、１９９７年のシングル「Cutting《カッティング》 Edge《エッジ》」で、特にB面の「Tokyo Tokyo '97 (Part2)」はYOU THE ROCK★のものすごいラップと合わせて大好きな曲だ。ただ、直接会う機会は全くないまま時は過ぎて行った。

２０１１年3月11日の東日本大震災で、僕の社会への意識が変わったのは先述した通りだ。福島の原発事故により日本の原発政策、エネルギー政策に対しても初めてちゃんと向き合わなければいけない、と思うようになった。ＥＣＤさんは、いち早く反原発活動を開始していた。僕はとにかく似たような問題意識を持った人たちの声を聞くために、反原発デモの現場に足を運ぶようになった。渋谷で行われたデモに家族で参加して歩いていた時、すぐ後ろのＥＣＤさんも一家で参加していた。ＥＣＤさんの妻である植村一子さんが声を掛けてくれて、この時初めて挨拶することができた。

２０１３年の7月には、僕が主催していた日本のＨＩＰＨＯＰオンリーのイベント「蝕」にもライブで出演してくれてイリシットツボイさんとともに凄まじいパフォーマンスを見せてくれた。ただ、ＥＣＤさんは極端にシャイな人で、会ってもほとんど会話はなかった。その後、ＥＣＤさんは反レイシズムのアクションにもどんどん参加していき、民主社会における主権者の声を、マイクを通して主張していく。創作活動も旺盛で次々と強烈な作品を発表していたが、２０１６年に進行性のがんであることをＴｗｉｔｔｅｒで公表。闘病生活を続けていたが、２０１８年の1月24日に永眠した。

ＥＣＤさんの葬儀は代々幡斎場で行われた。その日は雪が降っていて、僕は幡ヶ谷の駅から一人で斎場を目指した。たくさんの人が集まって、そこにはたくさんの言葉が、たくさんの気持ちが、雪とともに宙を舞っているようだった。焼香の長い列に並び棺の中で眠るＥＣＤさんの顔を見た。すると突然、頭の中ではっきりとした声が聴こえた。

「何を悲しそうな顔をしているんだ。見てみろよ、お前も、そしてここに駆け付けてくれたみんなも　ＥＣＤを再生してくれるだろう。ＥＣＤのレコードを、ＣＤを、カセットテープを、データを、記憶を再生すればいつだってＥＣＤはお前の目の前でラップして見せる。それよりお前はどうなんだ？　お前のことを再生してくれる仲間はいるのか？　再生してもらえるようなことをやってきたか？　再生してもらえるような場面を体験してきたのか？　どうなんだ？」

それはＥＣＤさんの声だったとも言えるし、他の人の声だった気もする。ただ一つ確かなのは、棺の中の顔を見た瞬間にその声は僕の頭の中で鳴り響いた。再生、再生、再生……。英語ではたたプレイ、それじゃ遊んでるだけだ。俺たちだったらどうする？　俺たちだったら再生できるんだ。僕は焼香を済ませ、頭を下げるとすぐに斎場を後にした。再生、再生、再生。すぐにベーソンズのメンバーに連絡した。メンバーがスタジオに集まったら僕はＥＣＤさんの顔を見た時に聴こえた声のことを説明した。そして、ベースの大策にベースラインを弾いてもらった。一発で雰囲気が決まった。

２月６日、Asakusa GOLD SOUNDSでベーソンズは、ＤＵＢＦＯＲＣＥ《ダブフォース》と対バンになった。ＤＵＢさんが両バンドの音響を担当する。ＤＵＢＦＯＲＣＥのメンバーは、いとうせいこうさん、Ｗａｔｕｓｉ《ワッシ》さん、屋敷豪太さん、増井朗人さんらで皆ＥＣＤさんを知る面々だ。この日、僕は初めて「ラッパーの葬式」という曲をライブで披露した。ベースラインだけを決めて、歌詞も展開も即興。何も打ち合わせはせずに本番で歌った。雪が降るといいことがある。そう歌い出してから、再生しろ、再生しろ、再生しろ。2Pac《パック》を、ビギーを、Big《ビッグ》 L《エル》を、TOKONA《トコナ》－X《エックス》を、DEV《デヴ》 LARGE《ラージ》を、赤塚不二夫を、ECDを……再生しろ！

僕がこう言い放つと、大策はベースのエフェクトを思いっきり踏み込んだ。その場に雪が降り始めたようだった。たくさんの言葉が、気持ちが舞っている。この曲はその後、バンドの重要なレパートリーになった。僕たちはいつだって再生できる。だから、再生してもらえるような仲間をつくれ。ラッパーの葬式に行ったんだ。ラッパーは俺に言った。大丈夫だ、お前が俺を再生してくれる。だから、お前も再生してもらえ。ヒップホップ・ネヴァー・ダイ。

あっという間だったオフィス北野時代

２０１８年３月15日の朝、マキタスポーツさんからメールが来ていた。

「ダース、これ寝耳に水？」

その日のスポーツ紙の朝刊には大きな見出しでこう載っていた。

「ビートたけし、オフィス北野から独立」

たけしさんがオフィス北野から出て行ってしまった。実は年明け早々にNマネージャーが退職した。新しいマネージャーのFさんからは、事務所が相当ごたついてると聞いてはいた。中野サンプラザで開催されたたけしさんの単独公演を観に行った時も、博士さんに連れられて楽屋に挨拶に伺ったが、空気が異様に緊張しているのを感じた。楽屋の左側にたけし軍団の方々がいて、中央にたけしさん。そこにたけしさんと挨拶するための長蛇の列ができていて、まるでゴッドファーザーの一場面のようだった。

僕は自然と列を挟んで楽屋の右側に進んだ。人が大勢いる楽屋なのにこちら側だけ人が少なかったからだ。パッと横を見ると、ちょんまげ頭の白髪の方が一人だけ立っている。オフィス北野の森昌行社長だった。僕は初めて会ったので挨拶したが、この時は「なんで社長が一人で立っているのだろう？」と不思議に思った。楽屋の右側には僕と森社長しかおらず、周囲にはかなり緊張した空気が漂っていた。この日、中野駅を出た瞬間に警察に職務質問された。「どこに行くんですか？」と聞くので「ビートたけしさんの単独公演です」と答えたら、警官が「え？　たけしさん、中野に来てるの⁉」と驚いていた。「いやいや、たけしさんの単独公演を地元の警官が把握してないのはまずいでしょ！」と思った。とにかく、僕レベルの末端の所属タレントでも不穏な空気を感じてはいたのだ。しかし、まさかたけしさんが独立するとは。付き合ったら死なない……。でも出て行ってしまった。これは僕の死亡フラグがまた立ってしまったのか？

たけしさんが独立してからオフィス北野の森社長が全タレントを招集して2日間にわたって説明会が開かれた。僕は1日目に参加した。初めて会う方も多かったが、皆一様に不安そうだ。森社長が現れると開口一番こう言った。

「大体報道されている通りです」

いや、それは……、というかそれだけはみんなが知っていることだ。質疑応答ではTBSラジオの「東京ポッド許可局」の3人、マキタスポーツさん、プチ鹿島さん、米粒写経のサンキュータツオさんが続け様に質問していたが、森社長の答えではこの先事務所がどうなるのか全く分からない。僕も新人ながら手を挙げた。

「北野武さんが抜けた後もオフィス北野なのですか？　名称変更するんですか？」

この時、森社長は諸々の契約などの主体でもあるから名前はそのままでいくと答えた。会議は特に大きな決定事項などもなく解散になった。僕はマキタスポーツさんに誘われてプチ鹿島さん、サンキュータツオさんといっしょにカラオケに行った。ここで3人の今後の向き合い方を聞かせてもらっていた。これが後に彼らのオフィス北野からのFA宣言につながり、結局、彼らはワタナベエンターテインメントに所属することになった。

僕も身の振り方を考える必要があったが、たけしさんにはもう会えてしまった。マネージャーのFさんと話しても明るい展望は見えなかった。結局、僕は半年在籍しただけでオフィス北野を退所することを決めた。博士さんに伝えると再度、土曜日夜のTBSの番組の楽屋に連れて行ってくれた。今度は左側の楽屋にたけしさんがいて、つまみ枝豆さんとガダルカナル・タカさんが話していた。時空はもはや歪んでいなかった。僕はたけしさんに頭を下げた。

「短い間でしたがお世話になりました」

「おう、なんだか悪かったな〜。でもよぉ、あんちゃんラッパーなんだったらよ。森社長の悪口とか今ラップしてくんねぇか？　ほら、あるだろ、ギャラ大モリとかさ」

僕は森社長とはほとんど話したこともなかったので、流石に悪口をラップすることは控えて黙っていた。すると、つまみ枝豆さんがこっちを見て口を開く。

「悪いな。今、こっちも余裕なくてよ」

「いえ、本当にお世話になりました」

すると、今度はガダルカナル・タカさんだ。

「この先、行く当てはあるのか？　今後の相談だったらいつでもしてこいよ」

「ありがとうございます。しばらく一人で考えてみます」

まるで刑事のコンビプレーのようなカージナルスの二人とのやり取り。こうして僕のオフィス北野時代は終わった。

YouTubeに活路を見出す

糖質制限による血糖コントロールは続けていた。実際、糖分を摂っていないので、インスリンなしでも血糖は低く抑えられていたが、ケトン体は一向に増える気配がなかった。この時期はランニングなどにも精を出し、運動もかなりやっていたが、どうしても疲れやすさは抜けなかった。それでもこの方針でなんとかやっていけそうだとも思っていた。

家から2時間弱かけて通院しながら診察を受けていたが、担当の医師はとても人気なのでとにかく忙しい。長い待ち時間と短い診察。それでも常に新しいサプリメントなどの提案があり、指示通りに治療を続けていた。ただ、どうもケトン体の数値が増えない。糖質制限の効果で体重はかなり減っていたが、あまり健康的なヴィジュアルではなかった。ちょっと病弱に見え過ぎるなと思ったので、髪の毛を真っ赤に染めてみた。これが案外評判もよく、「ド派手な病人」という自分のポリシーにも合致したので、以後は定期的に髪の毛を好きな色に染めるようにした。赤、青、グレー、紫、緑、時には赤と金で半々にしたり、金色に黒斑《くろまだら》を入れてみたりもした。下の娘はほぼ髪に色が入っている状態しか知らないので、似顔絵を描いてくれる時も僕の髪の毛はカラフルだ。

余命5年を告げられ、新しい治療法に切り替えている間に僕は鎖グループからオフィス北野に移り、そしてまたフリーになった。それでもNEWS RAP JAPANは依然好調で少しずつ仕事は増えて、ライブも定期的に行えるようになっていた。そんな中、前にも仕事をしたことがあった野坂君にある洗剤メーカーとのコラボイベントに誘われた。ライブが終わった後に思いがけない話をしてくれた。

「ダースさん、オフィス北野退所されたんですね。もし今後が決まっていないならうちでいっしょにやりませんか？」

彼は吉田正樹事務所に勤めていた。ここはワタナベエンターテインメントの会長である吉田正樹さんの個人事務所で多くのクリエイターが所属していた。野坂君はもともとＨＩＰＨＯＰが好きでアート全般に関心が高い。前にいっしょにやった仕事も岡本太郎記念館の平野暁臣館長との対談だった。僕にしてみれば願ったり、叶ったりで、喜んで迎え入れてもらった。こうして２０１８年の7月からは吉田正樹事務所に在籍している。眼帯ブランドＯＧＫも野坂君といっしょに企画して立ち上げたのは先述の通りだ。

２０１９年3月にNEWS RAP JAPANが最終回を迎えた。最後は生放送で出演したラッパーでマイクリレーを回し、いつもは外回りのレポーターを務めてくれたNonkey《ノンキー》もスタジオに戻り、アナウンサーとして毎回参加してきた天明さんが見事なラップで締めてくれた。番組では、天明さんが徹底してクールなキャラでニュースを読んでくれていたので、最後のラップはかなり感動的だった。打ち上げでも皆が番組の終了を惜しみ、なんとか復活させたいと口々に話してくれていたが、結局その機会はいまだに訪れていない。制作会社のスタッフは、僕を他の番組にもプレゼンしてくれたが、なかなかハマらず、僕のレギュラー番組はなくなってしまった。メディア出演自体も一気に減ってしまい、収入も激減。それでも妻は「まあ、なんとかなるよ」とまたもや軽快に勇気づけてくれた。

同じ3月に電気グルーヴのピエール瀧さんが、コカイン所持で逮捕された。こうした事件があると、日本のレコード会社は音源を自主回収してしまう。僕は薬物事案におけるこうした対応は過剰だと常に訴えていたのだが、この時もソニー・ミュージックレコーズはサブスクリプションも含めて、電気グルーヴの全音源を回収してしまう。このレコード会社の動きに反対する署名運動を電気グルーヴファンでもある社会学者の永田夏来さんと、会社員のかがりはるきさんが立ち上げた。永田さんらは多くのミュージシャンに声をかけたが、なかなか色よい返事がもらえず、電気グルーヴと親交がある人の中からは巻上公一さんが参加。僕は、電気グルーヴのお二人と面識はないものの、対外的に音源回収に対して反対の立場を明確にしていたので、声を掛けてもらい、協力することにした。さらに、宮台真司さんも参加した。

署名は6万4606人分集まり、これを賛同メンバーでソニー・ミュージックレコーズに提出し、記者会見を開いた。集まった記者の中にはノートパソコンに電気グルーヴのステッカーを貼っている人もいた。僕は同時期にソニー・ミュージックレコーズが宣伝していたEric《エリック》 Clapton《クラプトン》に「Cocaine《コカイン》」という名曲があることやAerosmith《エアロスミス》などの薬物事案の例を挙げて、そもそも会社のスタンスがダブルスタンダードになっていると指摘した。

この会見は昼のワイドショーでも取り上げられ、フジテレビの「バイキング」では坂上忍さんが僕の見た目を「信用できない」と指摘し、炎上騒ぎになった。この時は、僕の病気を取り上げて眼帯の理由を説明してくれるなどといった擁護の声がたくさん挙がったが、その多くは僕自身には関心がなく、僕を棍棒代わりに坂上忍さんや番組を叩きたいだけなのだとも感じた。実際、放送された週にあった僕のライブには、いつものお客さんしか姿を見せていない。

こんな話題はありつつも、試行錯誤を続ける日々だった。ベーソンズのライブは続けつつ、事務所からもらう原稿の仕事などをこなし、オファーがあれば、片っ端から仕事を受けていた。ある日、千葉の船橋のららぽーとで子供に人気のYouTubeチャンネル「ボンボンTV」の方々といっしょにおもちゃを紹介するイベントに出演した。彼女たちは本当に大人気で、イベントも子供たちで大盛り上がりだった。渡部君が観に来ていたので、イベント後にいっしょにお茶をしながら、話していた。正直、僕は今後どうしようか決めかねていた。渡部君は僕にYouTubeの活用を進言してくれた。とにかく時事ネタを毎日ラップしたり、ライブ配信を続けたりしてみよう。企画によっては渡部君も撮影を手伝う。僕は渡部君に押される形で自分のYoutubeも活用してみようと決めた。ボンボンTVの影響もあったと思う。

死神ふたたび

ちょうどその頃、ダメレコ時代の仲間、KEN THE 390から連絡があった。KENのライブに遊びに行くと、ダメレコ初期のミュージックビデオをつくってくれていた工藤雅史さんが来ていて、久しぶりに会って近況を話した。すると、工藤さんは「今、博多でカレー屋をやっている」という。しかも名前がダメレコから取ったダメヤ。これがすごい人気店になっているらしい。10年ほど連絡が途絶えていたところに意外な嬉しい知らせだ。

程なくして工藤さんからも連絡が来て、会うことになった。工藤さんは、福岡の食品会社キヨトクと組んでレトルトカレーの展開もしていて、第1弾が大ヒットしている。今度は第2弾を企画しているが、「ダースさんが味を決めたカレーを販売したい」と言ってくれた。キヨトクの渡辺清久社長も工藤さんといっしょに来て「是非」とお願いされた。もともと生粋のカレー好きなので当たり前のようにＯＫした。話し合いの中でただカレーをつくるのではなく、せっかくなら曲もつくっていっしょに売ることにした。レトルトカレーと曲のセット、これは初の試みであり、ダメレコ時代のチャレンジ精神を思い出す展開だ。

僕は早速ＤＪ ＷＡＴＡＲＡＩさんにビートをオファーし、「Spice of Life」というカッコいい曲をつくってもらった。そして、工藤さんにもCurry《カリー》 Mazter《マスター》 D《ディー》名義で、ラップで参加してもらう。さらに、曲のリミックスバージョンには、ダメレコ時代の仲間のＴＡＲＯ ＳＯＵＬにも参加してもらった。ＴＡＲＯは福岡で人気があり、渡辺さんたちの仲間のパーティーでも何度もライブしていて、エピソードとしてぴったりだった。この曲は高澤君のスタジオで録音した。遊びに来ていた芸人のエル・カブキの二人もコーラスで参加している。カレーの味は辛口ビーフカレーでいくことにした。工藤さんが具材などを吟味したプロトタイプをつくり、僕が味見をしながら進める。ミュージックビデオも工藤さんに久しぶりに監督してもらうことになった。

この時期にはベーソンズやソロのライブにも客がかなり入るようになってきていた。週末はあちこちでライブが決まり、忙しくなってきた。渡部君の助言でYouTube動画をたくさん上げる中で、ＭＩＣＡＤＥＬＩＣ時代の相棒、ＤＪオショウと高澤君によるネットラジオ番組

「はぁ〜?・」、そして、エル・カブキとは時事ネタトーク番組「うっかり!?」を毎週収録してアップするようになった。オショウは大のラジオ好きで二人でオールナイトニッポンのオーディションに応募したが落ちてしまった。それなら自分たちでやろうと始め、少ないながらも番組のファンがつくようになっていた。エル・カブキの二人は、もともと毎日10分時事ネタ漫才をYouTubeチャンネルで上げていて面白かったので、誘ってみたら話の相性もよかった。

人生がまた少し回り始めたようだったが、診てもらっていた医師が、メディア出演などが忙しいため、診察は止めて医療相談のみ受け付けると言ってきた。この医師の治療法は独特で、似たようなアプローチの医師は少なかった。しばらくはこの病院に通って引き継ぎの医師に診てもらいながら、転院先を探すことになった。千葉県に似たアプローチの医師がいたので紹介状をもらって面談予約をしたが、かなりスケジュールが埋まっているようで、1ヵ月半ほど担当医師不在の時期ができてしまった。そして、まさにこの時期に僕の体調に異変が起こり始めていた。気持ち悪さが常態化し、ゲップが続く。担当医がいなくなった隙間に死神が、隣からさっと手を差し込んで来たのかもしれない。

2019年7月、NEWS RAP JAPAN終了後、久しぶりにプチ鹿島さんと大阪のロフトプラスワンWESTにて二人で、時事ネタトークライブをやることになった。鹿島さんの『芸人式新聞の読み方』が幻冬舎から文庫化されるタイミングで、僕の闘病記『ダースレイダー自伝

NO拘束』（ライスプレス）とのダブル出版記念イベントとして企画されたものだ。この日は、僕の都合で本番ギリギリの到着となり、飛び込みで打ち合わせもないままの二人トークになったが、3時間時事ネタで楽しく喋ることができた。この企画を立ててくれたのが、幻冬舎の編集者・竹村優子さんだ。この後、竹村さんの担当で幻冬舎plusでのコラム連載「礼はいらないよ」が始まり、『武器としてのヒップホップ』の単行本がつくられることになった。この本ではECDさんのパートナー、植本一子さんが写真を提供してくれた。

翌日は京都に行き、ベーソンズの大策の父親の個展を覗き、大策と彼の妹と食事。食後にホテルに戻ったら、気持ち悪くなって吐いてしまった。さらに、翌日は新幹線で福岡へ。KEN THE 390の単独ライブのアフターパーティーでダメヤカレーの試食会とライブをしたのだが、ライブが終わるとすぐに体調が悪くなってしまった。強い吐き気に襲われ、自分のプロデュースしたカレーもほぼ食べないまま、ホテルで戻って横になっていた。朝、工藤さんと渡辺さんとミュージックビデオのロケ地を見る予定だったが、全く回復せず、工藤さんの車の後部座席でずっと横になっていた。なんとか空港まで連れて行ってもらって飛行機で帰宅したが、家でも倒れるように寝込んでしまった。この時は連日の移動で疲れているのだ、と自己診断してしまった。自己診断はよくない傾向だ。

家で横になる日々を過ごしてから次の週末はベーソンズの沖縄ライブ。家族も同行して皆で那覇に行った。ただ到着した日の夜にステーキを食べて以降、5日ほどの沖縄滞在中は気持ち悪くて何も食べられなかった。お腹にガスが溜まっていく感覚でゲップが止まらないし、食欲も全く起きなかった。ベーソンズのライブは2時間近くやって、アドレナリンが出まくっていたので、気持ち悪さが少し治った。もうこの辺りで以前の体験を繰り返しているように感じていた。だが、都合の悪い事実から目を背けようとしていた。これは完全に間違った考え方だ。

沖縄では□□□《クチロロ》の客演でもライブをしたが、1曲歌って楽屋に戻ったら、吐いてしまった。明らかに異常事態だ。妻が心配して沖縄の病院に行くように勧めてくれたが、僕は寝ていれば大丈夫だと言って病院を拒んだ。自己診断、そして都合の悪いことから目を逸らす。この方向性の先に明るい未来はない。

東京に戻ってからも体調は回復しない。エル・カブキと高円寺の七つ森でカレーを食べた時も何も口にできず、身体全体がこわばっている感じがしたので、デロリアン林君にマッサージを頼んだ。肩が異様にこっている。僕があまりにも水のお代わりをすることにエル上田君が怪訝な顔をする。いくら飲んでも喉が渇くようになっていた。長いこととまともに食事ができておらず、ウイダーinゼリー（現在は「inゼリー」）をなんとか吸い込んでいた。体力もどんどん落ちていき、ついには家から徒歩7分ほどで着くはずの最寄駅まで歩く途中で疲れて座り込んでしまった。妻からは何度も病院に行くように言われたが、ちょうど担当医がいなくなり、次の病院の面談予定が1ヵ月後だった。そこまで待てばなんとかなる、と自分に無理やり言い聞かせていた。だが、僕はもうベッドから降りる体力さえもなくなっていた。気持ち悪さは増すばかりで、ウイダーinゼリーすら戻してしまう。僕はついに音を上げて妻に救急車を呼ぶように頼んだ。

第12章

集中治療室

自宅からの緊急搬送

救急車はすぐに来た。これには感動した。電話して5分ちょっとで玄関のインターホンが鳴ったのだ。妻に付き添われてなんとか救急車に乗り込むと、用意された担架に横たわった。「さあ病院だ！」と思ったが、そうも行かなかった。僕が寝ている横で救急隊員が電話をしている。こうした場合、行きつけの病院が第一候補になるわけだが、僕はちょうど担当医が代わるタイミングだった。もともと通院していた病院で治療を引き継いでくれた医師は、僕が行っていた治療法を全く分かってなかった。診察もおざなりだったので、そこに行く必要はないと思った。そもそも自宅から電車で2時間近くかかる。もっと近くの総合病院でよいのではないか？　僕は救急車に乗ってからも吐き気は治らず、常に不穏なゲップを吐き出しながらぐったりしていた。救急隊員は、僕の症状を電話で説明してくれている。

「かなり辛そうで……、ああ、ベッドに空きがない。なるほど……、分かりました」。彼は電話を切ると、すぐにまた別の病院にかけてくれる。「担当できる医師がいない。そうですか、とりあえず診てくれそうな方は……。そうですか、分かりました」「現在、手が回らない。なるほど、こちらも患者さんがかなり苦しそうにしているんですが……。はい、分かりました」

次々と断られていく。僕は寝ながら、なぜか申し訳なく思えてきた。僕がもっと分かりやすい症状ならすんなり受け入れてもらえたのだろうか？　しかし、真横で次々と受け入れを断られていくのを聞いているのもなかなかしんどい体験だった。それでも救急隊員は、次々に電話してくれている。結局、救急車は到着してから1時間以上自宅の前に停まったままだ。

「こうなったら最後の砦です。ちょっと離れていますがきっと受け入れてくれると思います」。そう言うと、彼はまた電話をかけてくれた。少し話して声が明るくなったのが分かる。

「分かりました。それではすぐに向かいます」。受け入れてもらえた！　思わずガッツポーズを取りたかったが、気持ち悪くてそれどころではない。心の中でグッとサムズアップ。妻が同行してくれて義父が娘たちの面倒を見てくれることになった。向かった先は都内の国立病院だ。「ここはどこからも断られた患者さんを受け入れてくれるんです。だから最後の砦です。よかったですね」。

救急隊員に励まされながら、僕は長いこと続いていた気持ち悪さから解放してもらえるのかと少し安堵していた。じゃあ、どうして妻から「病院に行け」と言われた時に拒み続けていたのか？　この時の自分の心理についてちゃんと考えておく必要があると思った。そして、ようやく観念した僕を妻はどんな気持ちで見ているのだろうか。呆れつつも、「こういう人なんだよね」と理解してくれている気はした。車に揺られて、40分ほどしたら、大きな病院が見えてきた。救急車が救急センター入口に横付けすると、すぐに僕は担架で運び出され、広いフロアに連れて行かれた。そこには、ベッドがずらりと並び、方々から苦しそうな声が響いていた。その中を赤い看護服を着た人たちが忙しなく動き回っている。まるで野戦病院みたいだ。ずらりと並ぶ急患たちの間に僕もひゅっと運ばれた。隣の男性が大声を上げている。

「いてえええ！　いてええよ！　いてええよ！」

これはえらいことだ。僕は気持ち悪さを抱えながらも、叫ぶような症状でないことに申し訳なさと安堵を感じていた。すると、看護師が二人パタパタとやってくる。隣の人は叫び続けている。

「いてええよ！　こっちは大怪我してるんだ！　すげえ血が出てるだろ！　なんとかしてくれ！」

「今、身体を調べたんですよ。外傷はどこにもないんです。血は出てません。どこが痛いかくわしく教えてください」

「ここだよ、ここ！　血がドバドバ出てるだろ！」

「どこにも外傷はなくて出血もしていません。少し落ち着く薬を飲みますか？」

僕からはよく見えておらず、隣に大怪我した人が寝ているものだと思っていたが、どうやら違ったようだ。すると、今度は両脇を抱えられて、本当に頭から血を流している男性が、運び込まれてきた。後ろには、ロングコートを着たおじさんがついてきていた。流血した男性がベッドに寝かされると、ロングコートのおじさんが厳しい声色で話した。「意識が戻ったら話を聞くから。取り調べを受けられそうになったら、すぐ連絡してください」。こちらは警察の捜査に関係する人のようだ。これはなかなか落ち着いて寝てられない。すると、反対側から看護師の声が響く。

「誰か言葉分かる人いますか？　この方、日本語も英語も分からないようです」

アラブ系の男性が苦しそうに何かを訴えている。実に多様性に富んだ現場だ。病人や怪我人だらけなのにエネルギッシュですらある。看護師が僕のところに来てさっと採血していく。

「貴重品はお持ち帰りくださいね。ここは色々な人の出入りが多いので、そこまでケアできないんです」。僕は横に座る妻に財布を預けた。足元を見たら家からつっかけてきたＮＩＫＥのサンダルが並んでいる。

「あの……。ＮＩＫＥのサンダルは大丈夫ですか？　そこそこいいやつなんですけど……」

「靴がなくなったという話は今のところないのでご安心ください」

なかなか緊張感があるぞ。僕は自分がベッドでぐったりしていることも忘れて呑気な感覚になっていた。すると、先ほどの採血結果が戻ってきた。

「和田さん。間に合ってよかったです。あなたは代謝性アシドーシスです。しかもかなり進行しています。今日入院していなければ、命の危険がありましたよ。相当気持ち悪さが続いていたはずです。よく我慢していましたね……」

なんとまた新しい病気が僕のもとにやってきた。今度は僕に何が起きたのか？　しかも、また隣の死神が肩に手を回しかけていたのか。言われてみれば気持ち悪さはずっと続いていたし、とても正常（という感覚も10年近く忘れているわけだが）ではなかった。

「簡単に説明すれば、体内の酸が蓄積して悪さをしています。血糖値も高止まりしています。前の病院の検査でも兆候は出ていたと思うんですが、なんで見落としたんですかね。とにかく緊急処置が必要なので、準備ができ次第、集中治療病棟に入院してもらいます」

集中治療病棟。強烈な言葉がまた飛び込んできた。妻も流石に驚いた表情だ。父が入院していた際、緊急という名のもとで、集中治療室に移して処置した。眠っていた父は、突然自分が集中治療室にいることに驚き、事前説明がなかったことに対し、病院を厳しく非難した。病院側は事後説明になったことを平謝りしていたが、この時、僕は病院が自分たちの診断の失敗を慌てて取り繕っているような印象を受けた。今回、自分が集中治療を受けることになったが、ちゃんと事前説明はしてもらえていた。点滴で気持ち悪さを抑えてもらい、横になりながら待つことにした。

カテーテルの刺激と深夜の絶叫

スマートフォンは使えたので、とりあえず近況報告はしておこうと、集中治療病棟に入ることをツイートした。すると、あるスポーツ新聞がすぐさまこれを見つけて、こたつ記事に仕上げていた。写真はなぜか、電気グルーヴの音源回収反対署名の記者会見の際のものを切り取って拡大していた。多分、自社の写真がこれしかなかったのだろうが、もう少しマシなものはないのかと思った。この記事がかなり拡散されたおかげで、僕の状況は広く知られることになった。「ド派手な病人」というコンセプトのおかげもあって、「余命5年なんて言ってもピンピンしてんじゃねえか!」というツッコミもあったが、この時はまた首の皮一枚まで死神の手は迫った。僕にできることはもうそれほどないので、身を委ねるしかない。

入院の準備ができたのは0時近く。救急車を呼んでから7時間ほど過ぎていた。看護師が数人集まって僕を車輪付き担架で運んでくれる。暗い大きな部屋にとりあえず着いた。集中治療病棟手前の処置室だ。横に機材が積んであるベッドがいくつも並んでいて、人がたくさん寝ていた。自分のベッドに移されると説明が始まる。まずは看護師から「点滴用に静脈カテーテルを挿入する必要がある」と言われた。これはかなり太く、抜けたら出血するため、しっかりと固定するので、身体を自由に動かすことができなくなった。そして、もう一つが尿管カテーテルだ。「身体を動かせないのと採尿の必要があるので尿を直接採る」と言う。入院する際の僕の心構えは、提案された治療は説明を受けたうえで、受け入れていくこと。今回は2本の管を受け入れるところから始まった。「尿管カテーテルは尿道に直接挿す」と言う。準備が終わると、看護師が僕の耳元に囁いた。「痛いですよ」。

「え?」と思った瞬間に下半身にぐいっと謎の感覚が走った。痛い！　看護師が話し掛けてきた瞬間に挿入された。一旦入口を通ると、その後はまた味わったことのない感覚だった。普段は液体しか通ってない道を何やら固いものが逆走してくる。「うわ〜、気持ち悪いな〜」と思ったが、抵抗する術もない。静脈カテーテルは、左腕の手首の下。やたら太い針をブッ刺されて、今度は激痛が全身を痺れるように伝わってきた。カテーテルが抜けないようになるべく身体の左側を下にした体勢でいるようにした。この2本の管のおかげで見た目は立派な重病人だ。ただ、到着してからずっとダラダラとした気分で寝ていたので、カテーテルを挿す刺激はちょっとだけ脳を活性化させてくれた。シャキッとしたところでいよいよ治療の始まりだ。ここまでの間に、入院手続きなどを済ませてくれた妻がやっと帰れることになった。どこに向かっているのかも正確に分からないまま、救急車に乗って僕に付き添ってくれた。0時過ぎに解放された妻は一人、病院の外に出て思わず言ったらしい。「ここ、どこだよ」。

集中治療室と聞けば、ガラス越しに管だらけの患者が、斜めのベッドに寝ている絵面が浮かぶ。しかし、実際の集中治療病棟は、大きな部屋に横並びにベッドがずらりと並んでいた。想像していたものとは違い、緊急度の高い患者を24時間体制で診られるようにつくられた場所だった。僕は処置室から移動して部屋の一番端。身体の左側を下にしていたので、目の前の壁を見つめる姿勢で固定された。ずっと横になっていたのと、さっきのカテーテルの刺激でシャキッとしたので眠くはならなかった。まずは自分がギリギリ助かったことを噛み締めながら、今後のことをゆっくり考えようと思った。ところが、僕の背後で急に大きな声がした。

「サチコ！　助けてくれ！　おばあちゃんはここだよ！　急に連れ去られたんだよ！　サチコ、どこにいるの！」。どうやら、高齢の女性が目を覚ましたらしい。どのような状況か見えないが、起きたら謎の部屋にいることでパニックを起こしたようだ。

「警察はいますか！　誘拐されました！　誰か！　助けてください！　サチコ、どこにいるんだい！」。サチコさんというのは娘さんだろうか？　女性は大声で叫び続けている。

「おーい！　誰か助けてください！　いきなり連れ去られたんです！　どこなの、ここは！　誰か！　誰か！」。パタパタと足音が聞こえる。看護師がやってきたようだ。

「○○さん、落ち着いてください。あなたは今、緊急入院しているんです」

「誰だ、あなたたちは！　サチコ、サチコや！　知らない人たちに囲まれてるよ。私はここにいるよ！」

「〇〇さん、あなたはお部屋で倒れていたんです。娘さんが救急車を呼んで……」

「警察！　警察！　知らない人たちだよ！　どこなの、ここは！　私を帰してください！」

これはなかなか大変な事態だ。女性は今の状態に恐怖を感じている。不安になった女性の悲痛な気持ちは分かる。だが、こちらもなかなかしんどい状況だ。この部屋にいる人はみんなそうだろう。深夜の絶叫タイムはハードだ。看護師に続いて医師もやってきて病状を説明しようとしたが、女性は一切耳を貸さない。病院側はとりあえず女性が落ち着くまで無理に説得するのを止めたようだが、女性の絶叫は止まらない。多分30分は続いただろう。僕の背中越しで起きていることなので、ここは観念して目を瞑ってやり過ごそうと思ったら、また事態が変わった。「さっきからうるせえんだよ！　いい加減黙れ！」と、今度は別の女性の怒声が響き渡った。

「何よ、あなたは！　こっちは助けてほしいんだよ！　警察の人、来てください！」

「だからうるせえって言ってんだろ！　こっちは寝たいんだ！　しんどいんだよ！」

「あなたの事情なんて知りません！　サチコ！　私はここだよ～」。バトルが始まってしまった。集中治療病棟の深夜、二人の女性の叫び声が交互に響き合う。

「黙れ！」

「助けて！」

「黙れ！」

「誰か！」

事態は収まるどころか加速し、二人の怒声もいよいよ元気だ。また看護師たちが駆け寄ってきたが、二人の応酬は続く。僕は堪らずナースコールを押すと、看護師が来てくれた。

「すみません。ちょっと声がうるさくて寝られないので……。睡眠導入剤をもらえますか？」

「そうですよね。分かりました。症状を見て使えるものを持ってきますね」

程なく睡眠導入剤を渡された。ようやくこれで怒声飛び交う病棟から夢の世界へおさらばできるぞ。薬を飲むとすぐに眠気がやってきた。僕は眠りに落ち、そして夢を見た。夢では僕がMCバトルの司会をしていて、高齢女性二人が延々とバトルを繰り広げていた……。

家族以外面会謝絶

翌朝、起きてから改めて医師の説明を受けた。「2、3週間ほどの入院が必要だ」と言われた。基本的には血液中の酸を落ち着かせて血糖値を下げていく。そのためにインスリン治療の再開を勧められた。まずは、数値を落ち着かせるためにも了承した。腸内にガスが溜まり、食欲も長いこと失っていたので、点滴で補うことになる。集中治療病棟では、家族の面会のみ許されていたので、妻と娘たちを登録した。妻が来て今後のことを話していると看護師がやってきた。「あの、面会登録されてない方が来ています。『友人だからどうしても会わせろ』と言ってるのですが」。「誰だろう？」と思ったら、ＤＪオショウだった。朝一番で見舞いに来ちゃったのだ。家族以外は会えないというのに。でも、彼は親友で家族みたいなものだ。すぐに駆けつけてくれたのが本当に嬉しかった。「案内していいですよ」と伝えるとすぐにやってきた。

「おい、大丈夫かよ」

「なんとか……。しばらくはこんな感じだよ」

その後、たわいのない会話を30分ほどした。僕は疲れたので、眠ることにした。オショウは「また来るよ！」と言って帰って行った。数時間寝てからスマートフォンを見たら、オショウがツイートしていた。

「ダースレイダーは無事です！　もう一般病棟に移ってます！」

おーい、誤報！　誤報！　全然集中治療病棟だし、なんなら家族以外面会謝絶だ。だいたい無事を告げるツイートは、僕にやらせてほしい。「なんで君がツイートしているんだ！」と思わず笑ってしまった。妻に見せたら大笑い。実際４日ほどで集中治療病棟からは出ることができた。しかし、身体に突っ込んだカテーテルを抜くというイベントが一つあり、尿管を入れた時と同じ不快感をまた味わうことになった。静脈のほうはもっと大変で、抜く際に気をつけないと出血してしまう。そう説明した若い看護師がカテーテルを抜くとまた激痛が走る。こんなもんかと思っていたら、ドクドクと血が出てきた。「あれ？　これは？」と思ったら、看護師がものすごい力で手首を圧迫してきた。目線を上に向けながら……。

「いやあ、今日は暑いですよね。え？　気になりませんか？　暑いんですよ、ほんと」

そのどうでもよい話は、もしかして僕の気を逸らせようとしているのか？　でも、手首を押さえる力が強過ぎて痛い。止血するために必要なのだろうし、患者をパニックにさせないために関係ない話をぶっ込んできているのだろうが、下手過ぎてバレバレだ。結局5分ほど手首を押さえ付けられてやっと血が止まった。ここからは、一般病棟に移って血糖値をコントロールしながら、体調を落ち着かせていくことになった。

一般病棟に移り、見舞いがOKになったら、本当にたくさんの方が来てくれた。スポーツ紙で報じられたせいで全国的に心配してくれる人たちからメッセージもたくさん届いた。次々と訪問客が来るので、僕の病室では捌き切れず、入院後半は病棟のロビーが貸切状態で色々な見舞客が集まるラウンジと化していた。ベーソンズをはじめとした音楽仲間、ラッパー、DJ、ライター、芸人、同級生、BMXライダー、漫画家、映像作家、編集者、事務所のスタッフ、ゼミ仲間……。異なるジャンルの人たちが僕を介して出会う人間交差点。一人ひとりの気持ちが僕に力を与えてくれた。僕はこうしたタイミングで友達というセーフティーネットを実感する。このセーフティーネットがぐいっと、ふわっと僕に力を与え、そして優しく支えてくれる。NEWS RAP JAPANでいっしょだった天明さんが来てくれた時は、彼女の専門のインド哲学について1時間半ほど話してくれて、めちゃくちゃ刺激的だった。僕は友達と会うたびに元気になっていき、入院後半はずっと喋っていた。芸人のマッハスピード豪速球の二人からは、「こんなに喋る病人は見たことないですよ!」と言われた。

妻は定期的に来てくれた。次女も僕に会いたいからとよくついて来たのだが、長女は1回だけしか来なかった。「弱っているパパを見たくないから早くよくなって帰ってきて」と言っていたそうだ。実際、一般病棟に移ってから経過は良好だった。体重は人生初の50kg台に突入していたが、長いこと僕を苦しめてきた気持ち悪さが抜けて快晴の空のような気分を味わっていた。病院は僕の地元。たまに地元に帰るのもよいものだと、明るい気分になった。

第13章

満期5年
—5年後の自分に会いに行く—

海外からのオファーが殺到

2019年8月29日にベーソンズで企画したライブがあった。ゲストは、BRAHMANのTOSHI-LOWさんを呼んでいた。このステージに立つぞ、と自分で決めてベッドの上で腕立てと腹筋を始め、病棟を何周も歩いて回ることにした。今回はリハビリもなく、危機を脱した後にすぐに前向きな気持ちになった。医師は当然ながら慎重な意見だったが、僕はこの病院に通院することを条件に2週間で退院する許可を得た。今回は死神が肩から手を離すのが早かったようだ。

この日、下北沢ERAで開催した「カッコイイ音楽が聴ける日」は満員御礼。TOSHI-LOWさんも素晴らしいライブを見せてくれて最後はいっしょに新曲「傷」を披露した。

「ダース、お前らベーソンズは、柔術の帯を巻いてるよな。黒帯ってのはさ、努力と苦労で白帯を滲ませて黒くしたものなんだ。お前は……、立派な黒帯だぜ！」

TOSHI-LOWさんはそう言って激励してくれた。この日のベーソンズのパフォーマンスも最高で、また一つ病気を経験したことで僕は強くなった。

イベントにはダメヤの工藤さんとキヨトクの渡辺さんも来てくれて、楽屋ケータリングでレトルトの試作品を出してくれた。かなりの出来栄えで食べた人たちからも絶賛された。高澤君が音源をミックスし、工藤さんがミュージックビデオを撮影してくれて、いよいよダメヤ×ダースレイダーの「職人仕込みの辛口ビーフカレー」が完成した。いとうせいこうさんに推薦文を書いてもらい、カレーが店頭に並ぶ。この時、僕はダメレコでお世話になっていた流通会社のウルトラヴァイブにお願いしてレコード屋にも少量ながらカレーを卸してもらった。曲のダウンロードコードがついているので、曲にカレーがついてくる、という形で音源として販売したのだ。レコード屋でカレーを売る。カレー好きラッパーとしてはよい到達点ではないかと思う。ダメヤのレトルトカレーは今もずっと売れ続けていて、ダメヤも行列のできるカレー店として博多駅前で大繁盛している。

入院する前、ベーソンズのオータコージがBase《ベース》 Ball《ボール》 Bear《ベア》の関根史織さん、LÄ《レ》-PPISCH《ピッシュ》のtatsuさんと組んでいるユニットst.ico《スティコ》の渋谷で行われたライブに客演で出てラップした。そこに韓国のザンダリ・フェスタの主催者ダルスが遊びに来ていた。ダルスは、僕らのパフォーマンスをすごく気に入ってくれて、「9月に開催されるフェスティバルに出たらどうだ?」と言ってくれた。エントリーしたら出場が決まり、9月にベーソンズで韓国・ソウルに行くことになった。初の海外ライブだ。

ザンダリ・フェスタはショーケース・フェスティバルだ。これは、一般客というより世界中のフェスの主催者やブッカー、レーベル関係者などが集まるイベントだ。ソウル・弘大《ホンデ》の10軒ほどのライブハウスを舞台に、各国のミュージシャンのライブと業界関係者のカンファレンスが並行して行われる。僕はオータさんと組んで、人が集まっている場所に顔を出しまくって、ベーソンズを売り込んだ。僕らのライブは、フェスの最終日の最後の時間だ。「とにかくライブを観てほしい!」と頼み込んで本番を迎えた。始まる前は10人弱の人しか観ていなかったが、40分の持ち時間を終える頃には会場が満員になっていた。僕らのパフォーマンスが面白いと評判が広がり、大勢の人が駆けつけたのだ。ライブを終えてステージ脇に行くと、中国でMidi Music Festivalという大型フェスティバルを主催している人が駆け寄って来た。

「レイ、すごかったよ! 来年のゴールデンウィークの予定を空けておいてくれ。すぐに連絡する」

さらに、モンゴルやカナダ、フランスやタイから来ている人たちが声を掛けてくれた。フェスティバルの打ち上げでも次々と人がやってきて「君たちのライブを観た! 素晴らしかった」と声を掛けてくれたのだ。2019年の秋、ベーソンズの前に大きな道が開けていくのを感じた。国内では全然人気が出ないバンドだったが、海外でライブをしたら一発で色々と話が進みそうだ。
Midi Music Festivalからは、すぐに連絡が来て、中国ツアーも合わせて組んでくれることになった。続いて、モンゴル、ベトナムやタイでのライブも決まっていった。この時期、Zebraさんが立ち上げたウェブラジオWREP《レップ》で時事ネタトーク番組「GOOD《グッド》 WEEK《ウィーク》」を担当させてもらうことになった。荏開津《えがいつ》広《ひろし》さんがディレクターで、DELIさんやHAIIRO《ハイイロ》 DE《デ》 ROSSI《ロッシ》らをゲストに迎えて毎週金曜日の夜に放送していた。

コロナ騒動とコロナ感染

2020年になると、中国で発見された新型のウイルスが話題になるようになった。文字通り対岸の火事的な態度を日本社会は取っていたが、大型客船ダイヤモンド・プリンセス号でクラスターが起こると緊張感は増していった。これがグローバル規模の災害、パンデミックであることが分かってくるにつれて、社会のある側面が顔を出すようになった。

それが「病気フォビア」である。ウイルスが引き起こす症状そのものの脅威もさることながら、感染症という特徴に合わせて、病気および感染した病人に対する明からさまな憎しみが平然と表明されるようになった。誰もが病気になり得るし、病気になったら、適切な治療を受けながら生活していくしかないという前提が社会で全く共有されていなかった。感染者叩きやクラスターを引き起こした施設へのバッシングが続く。

その中で早々に標的とされたのがライブハウスやクラブ、劇場やミニシアターであり、こうした施設を雑に混ぜ入れたフォルダのような「夜の街」だった。そもそも人が集まることや人と人が接触することで成立していた業種は、軒並み感染症との相性が悪いのは誰しも想像できるはずだ。しかし、この時危機に瀕した業種に対する行政および社会の態度は、救済より糾弾のほうに振れていたと思う。音楽や映画、演劇、芸能などの文化に対する評価がそもそも低いことに加え、病気フォビアが合わさり、差別的な扱いにもっともらしい理屈が付けられるようになった。病気の症状を恐れ、病気になった人を救済するより、病気および病人自体を恐れ、そして、病気にかかった人を糾弾する。僕が普段仕事をしている場所は軒並み糾弾される側だった。

新型コロナウイルスの特徴が明らかになるにつれ、糖尿病と腎不全を抱える僕は、感染したら重症化リスクが高いことも分かってきた。各国の感染状況は日々更新され、死者の数もどんどんと増えていた。感染者への見舞いや葬儀への制限もかかるようになる。イタリアの哲学者アガンベンは「剝き出しの生」という観点から、コロナ対策の名の下で人生を犠牲にすることへの批判を展開していた。パンデミックは「僕らが営む生、人生とは、病気とは、死とは何か？」を真剣に考える機会でもあったと思うが、日本ではこの議論もそれほど広がりを見せなかったように思う。僕自身は重症化リスクが高かったが、それでも会わなければいけない人、行かなければいけない場所はあると考えていた。各国で始まったロックダウン政策を考える際、「人の移動の自由と権力」というテーマについてもホロコーストの歴史を踏まえて議論する必要はあったのではないかと思う。

新しい感染症対策というタスクは、各国政府に同時に課されることになった。その中で日本はクラスター追跡という独自路線を選択する。各国がＰＣＲ検査で感染者を把握して対策を打っていく中、日本は検査数を抑え、クラスターが発生したら、濃厚接触者を捕捉し、隔離する戦略を取った。これはパンデミックの極初期には有効だったが、感染者数が爆発的に増えていく中ですぐに破綻した。日本社会では、当時の安倍晋三首相がＰＣＲ検査数を増やすよう号令をかけたが検査数はなかなか増えなかった。並行して検査に否定的な意見が専門家からも聞こえてきていた。

世界各国では、ＰＣＲ検査は共通貨幣のような意味を持っており、検査に基づくデータを共有することで集合知を集め、対策に当たっている。日本は独自路線のため、新型コロナウイルス対策という国際レースでは、早々に場外に外れてしまった。パンデミックが進むにつれて、比較的感染者数が低く抑えられていた東アジア地域においても周辺国から大きく遅れをとることになった。ドイツのメルケル元首相、ニュージーランドのアーダーン元首相、台湾の蔡英文《さいえいぶん》総統らがリーダーシップを発揮する中、日本政治は迷走を続けた。お肉券・お魚券の配布案、定額給付金を巡る混乱、根拠不明の全国一斉休校、悪名高き2枚のアベノマスク、出口戦略なしで長期化していく緊急事態宣言といった政策の果てに、安倍政権、菅政権は退陣していくことになる。

先述したようにライブハウスへのバッシングは、早くから起こっており、ライブハウスを運営するLOFTグループは、早々に無観客配信に舵を切っていた。2月に能町みね子さんの配信トークライブに呼ばれたが、ここで久しぶりにプチ鹿島さんといっしょになった。話すべき時事ネタが大量にあり、イベント後に渋谷駅まで歩きながら、「もっとお互いに時事ネタを話す機会を増やそう」と話した。そこで、「GOOD WEEK」に宮台さん、鹿島さんといったNEWS RAP JAPANでいっしょだった面々を呼んで、パンデミックに突入していく社会について、トークする時間を増やすことにした。

ところが、4月には緊急事態宣言が発令され、スタジオ収録ができなくなってしまった。そこで、まず宮台さんを自宅に呼び、YouTubeでトークライブを配信したら、すごく評判を呼んだ。翌週に鹿島さんを呼んで、今度は時事ネタについて2時間のライブ配信を行ったら、これも大いに盛り上がった。宮台さんとの配信は「100分de宮台」、プチ鹿島さんとの番組は、「ヒルカラナンデス」というタイトルで継続し、コロナ禍におけるニュースや社会問題などについて発信していくことになった。この頃には、2019年に次々と決まっていたベーソンズの海外ライブはすべて白紙に戻っていた。

いつ終わるとも知れぬパンデミックに向かい合うため、僕は人とじっくりと、ゆっくりと話すことが大事だと考え、YouTubeで様々な人とリモートで長時間の会話を配信することにした。ジャーナリストの神保哲生さんや小西克哉さんや北丸雄二さん、国際関係では前嶋和弘さん、小泉悠さん、映画関係では町山智浩さん、高橋ヨシキさん、てらさわホークさん、宮台ゼミ仲間の塚越健司君、阿部廣二君、谷口祐人君、春木有亮さん・晶子さん夫妻らを迎えて、連日様々なテーマで話をする。混迷していく社会を生きていくスタミナを養うための試みだ。コロナ禍において考えたことは多岐にわたるが、多くはこの時期の配信や文章に記録している。これがまさに「イル・コミニュケーション」を生み出す土壌になっている。

ライブハウスLOFTでは、プチ鹿島さんとのイベント「ヨルカラナンデス」を、ゲストを迎えて定期的に開催した。このイベントは、無観客配信時代のトークエンターテイメントの一つの形を示せたと思う。この「ヨルカラナンデス」では、ライブ会場を飛び出し、配信班とともに2021年の衆議院選、2022年の参議院選、沖縄県知事選の現地突撃取材の配信も実現させた。こうした突撃取材は、後に大島新さんと前田亜紀さんをプロデューサーに迎えた僕と鹿島さんの監督・主演映画「劇場版センキョナンデス」と「シン・ちむどんどん」に結実していく。家でのYouTube配信だけでなく、ライブハウスでの有料イベント（配信も行う）を開催したのは、僕とプチ鹿島さんなりのライブハウスへの恩返しでもある。実際、僕らのイベントは、LOFTグループの配信記録を樹立している。ちなみに、この時クラブや劇場、ミニシアターへの支援としては、「Save Our Space」「We Need Culture」といった活動が展開されていた。これらの場のコロナ禍における苦境はかなりのものであり、これは先述した社会をレコードのA面、B面に例える思考ともつながっていった。

こうして僕の活動自体は広がりを見せていたが、パンデミックは収まる気配を見せなかった。ウイルスは変異し、変異株が次々と登場して猛威を振るうようになる。2021年のデルタ株は、世界中であっという間に流行し、2022年にはオミクロン株が出現していた。そうした世相を反映して人類史と感染症について記したジャレド・ダイアモンドの『銃・病原菌・鉄』がこの時期、広く読まれていた。周りにも感染した人がたくさんいて、中には重症化して集中治療室で治療を受けた知人もいた。味覚や嗅覚がなくなったり、ブレインフォグなどのロングコビッドに苦しんだりしている人も多かった。「僕は重症化リスクを抱えながら、感染しないで生活することができるのか？」と常に考えていた。

そうした中、2022年の2月、僕もまたコロナに感染した。マスク着用、手指消毒、手洗いは徹底していたが、それでもウイルスは、僕の身体の中に侵入してきた。ワクチンはこの時点でファイザー製を2回接種済みではあったが、朝起きたら、ものすごい高熱で身体中を寒気が覆っていた。これはただの風邪ではない。近くの発熱外来は、なかなか電話がつながらず、かかってもすべて予約でいっぱい。新宿の病院でやっと検査を受けたら、翌日の朝、コロナ陽性が判明した。

熱は39度まで上がった。全身の関節が悲鳴を上げる。自宅の自室に籠ったが、いわゆるせん妄状態になってしまい、ずっと悪夢の中にいるような状態だった。具体的に覚えているのは、月面のような真っ赤な岩がゴロゴロしている場所でひたすら岩を掘り出して積み上げている妄想だ。このイメージがエンドレスに続く中、保健所からの電話があると聞いて待った。やっと連絡があったのは夕方。僕の基礎疾患を説明すると、「重症化リスクがあります」と言い、次の連絡を待つように言われた。30分して電話があったが、そこで自宅療養を指示された。「症状が悪化したらすぐ連絡してくれ」と言うが、これはなかなかなギャンブルだと思った。流石に僕の持病なら入院かと思っていたが、病院の空きもないとのこと。病院も保健所もとにかく手が回らない。これがギリギリの対応なのだろう。

コロナ感染を公表すると、すぐに多くの友人から連絡が飛んできた。薬、パルスオキシメーター、PCR検査キット、食料や飲料、タオルなどを玄関先まで届けてくれる人が何人もいた。こうした動き、気持ちだけでも治癒効果があると思うし、本当に嬉しかった。症状は最初の3日間がとにかくきつかった。ずっと月面にいる妄想を見ながら、寒気と関節痛に身体を抱え込んで耐える。もしも、肺炎の兆候が出てきたら、いよいよ隣の死神君の存在もくっきりしてきてしまう。だが、4日目からはどんどん症状は落ち着いていき、分水嶺と言われた7日目も悪化することなく迎えることができた。保健所からは、毎日2回の連絡があって「10日目の23時59分までが自宅療養期間」と言われた。この最後の日に東京都のサポートセンターに頼んだ物資が段ボール2箱で届いた。中身はなかなかカロリーの高いものばかりだったが、療養後半ならこれもよいのだろう。僕はどちらにしろ、食事制限をしているので手が出せないものばかりだった。

自分がコロナに感染して分かったのは自宅療養するにせよ、家族や友人がいると、それが相当なセーフティーネットとして機能することだ。これが一人で、しかも高齢だったり、ある程度の病気や怪我を抱えたりしていたら、気持ち的にもかなり厳しかったと思う。自宅療養という言葉は、自分でなんとかしてくださいの意味だ。ぐいっと、ふわっと支えてくれるセーフティーネット。行政がこれを用意する体制は、全く整っていなかったと思うし、その分現場の職員たちの苦労は、計りしれない。パンデミックを「喉元過ぎれば」でやり過ごしてはいけない。検査の目詰まり、保健所のパンク、病院の病床数と医療崩壊の関係、行政のメッセージの出し方、そして、社会の人生に対する哲学。新しいワクチンに対する人々の反応も未知のものへの態度として理解できる。僕の場合は江戸時代の天然痘流行の際の牛痘種痘法を巡る混乱を描いた手塚治虫の『陽だまりの樹』を読んでいたことで態度を決めやすかったとも思う。命をなくしてしまった人も多い。僕も含めた多くの人の体験をどれだけ活かせるのか？

余命5年を生き延びる

ベーソンズのライブは、ライブハウスからの配信でなんとか対応していくことにした。2021年からは、ゴンドウトモヒコことゴンちゃんが度々ライブに参加してくれるようになり、その流れでメンバーとして加入してくれることになった。余命5年と宣告されてからは、毎年の誕生日、4月11日に余命カウントダウンライブを始めた。秋葉原CLUB GOODMANで2019年に初めて開催、2020年は青山の月見ル君想フで予定していたが、1回目の緊急事態宣言の前日だったため中止した。2021年は再び秋葉原で無観客配信ライブを行い、2022年は、ついに余命5年を生き延び、誕生日を迎えることになった。5

年後の僕に会いに行く。これが「5years」という曲をつくった時のテーマだ。その5年後を迎えるパーティー、40歳の自分が生き延びた自分と出会う日だ。

このイベントは「満期5年」と名付けた。会場は恵比寿のLIQUIDROOMを借りることにした。生き延びたことを自分でフルに実感するために、イベント全体を自分一人でプロデュースすることにした。イベントでは、ベーソンズの新作アルバム「森を抜けたら」のCDを販売した。これはゴンちゃんのスタジオで一気につくり上げた作品で、ゴンドウトモヒコのアレンジが冴え渡っている。イベントフライヤーは庸平に依頼し、Tシャツとパーカーは、P.T.Aの桜樹イル君。桜樹君は、最寄駅で僕が通るのを待ち構えていて、自作のTシャツを渡してくれた男だ。ケーシー高峰さんのオフィシャルグッズなどを制作しながら、自分が好きなアーティストのために服をつくっている。ベーソンズ、ヒルカラナンデスのTシャツなど、数多くデザインしてもらった。

僕の5年間を凝縮したイベントにするために、オープニングDJはオショウに頼んだ。そして、イベントの前半部でNEWS RAP JAPANの人気コーナー、ニュースラップバトルをライブで再演することにした。バトルMCにはERONE、呂布カルマ、TKda黒ぶち、そして、MCサーモンことところサーモンの久保田かずのぶ君。バトルのお題出しと勝敗判定に宮台真司さん、プチ鹿島さん、鈴木涼美さんと天明麻衣子さん。ビートは、ベーソンズの生演奏。

後半のライブはベーソンズに加え、コーラスに森田くみこちゃん、トランペットに三浦千明ちゃん、ギターに松江潤さんとムーンライダースの白井良明さん。漫才にエル・カブキ、コントにマッハスピード豪速球、漫談に街裏ぴんく。全体のPAはDUBさん。撮影は渡部貴士君、配信はLOFTグループの宮原塁君と小鹿なるみさん。コロナ禍でお客さんにフードは出せなかったので、ダメヤの工藤さんとキヨトクの渡辺さんには楽屋用カレーを用意してもらった。ステージへの呼び込みなどは宮台ゼミの面々に手伝ってもらう。制作の具体的な準備は、チッタワークスにお願いしつつ、告知、ブッキング、タイムテーブル作成まですべて自分で担当し、経費も全部自分で持った。5年間の自分を詰め込んだ夜にするために、できることは全部やることにしたのだ。

2022年4月11日は月曜日。ど平日の夜だったが、チケットはなんとか売れた。ところが、開演1ヵ月前になって急に宮台さんのダブルブッキングが判明した。1年前からオファーしていたのだが……。大学の授業があって22時からなら来られるというが、イベントはその時間に終わる予定だ。仕方がないので宮台さんには、ボイスメモでメッセージをもらってオショウのDJの中でかけてもらった。イベントはとにかく盛り上がった。大成功だ。配信で見てくれた人も多く、これまたLOFTグループの音楽配信の記録を塗り替えた。楽屋で松江さんと話していたら意外なことも判明した。

「ダース君ってさ、クワランカにいた礼君だよね？」

松江さんにこう聞かれてハッとした。僕は20代の頃、田儀さんに紹介されて渋谷のクワランカ・カフェでバイトをしていた。ここはオーナーの稲垣朱実さんがもともとリットーミュージックの編集者だったこともあり、音楽関係の人が多く働いていた。僕はここで日給8000円、ライブやレコーディングが入ったら休んでよいという条件でバイトをしていた。松江さんは、ここの常連で店の調度品からBGMまでチョイスしていて、店も手伝っていたと言う。僕にコーヒーの淹れ方を教えてくれた人が「よく蒸らすのが大事だよ」と言っていたことを覚えているが、「それ、俺だよ！」と松江さんが言ったのには驚いた。5年後の自分に会いに行くイベントで、まさかの20年前の自分とも出会うことになった。

松江さんは、当時オータさんとSPOOZYS《スプージーズ》というバンドを組んでいて、そのメンバーの馬場ナオミさんもクワランカ・カフェで働いていた。オータさんが松江さんにベーソンズの話をしたら、興味を持ってくれたので、満期5年に誘ったのだ。僕は割と早めにバイトをフェイドアウトしてしまったが、朱実さんとは親しくしてもらっていて、店が吉祥寺に移転してからも家族でよく出掛けていた。

「礼は本当に適当だったよね。よくやっていけてるよ。ベーソンズはカッコいいけどねえ」

朱実さんは会うと、いつもニコニコしながら相手してくれていたが、病気が見つかってしまった。「お互い病人だねえ、エールを送り合おうね」と言ってくれていたが、進行が早く、2020年の暮れに若くして他界してしまった。偲ぶ会に呼ばれて参加したら、後のバイトたちにも僕の話をよくしていたらしい。「あれだけ適当に働いていた奴がいたんだからあなたも大丈夫よ」という文脈だ。松江さん経由で朱実さんも会場に来てくれたように感じた。

人は人生にすぐ答えを求めたがる。でも、答えなるものは20年後にやってくることもあるし、やってこないこともある。だから今、とにかく問いを、アクションをたくさん起こすのだ。それが何かにつながっていくはずだ。そうやってまずは、この日に5年後の自分を確認できた。この日に集まってくれた人たちは、皆がその証人だ。満期5年を元気に勤め上げる姿を家族にも見せることができた。娘たちは、物販も手伝ってくれたし、長女は楽屋で色々な人と喋りまくっていたようだ。妻は一言「よかったね」と言ってくれた。

満期5年を終えたら、プチ鹿島さんと参院選の取材を配信した。その後半、7月8日に安倍元首相が銃撃され、死亡するという事件が起きた。「日本の開かれた街頭演説の選挙スタイルが変わってしまうのでは？」と危惧したが、すぐに山上徹也容疑者（当時）の動機から統一教会が話題になり、鈴木エイトさんらジャーナリストの仕事ぶりも脚光を集めるようになる。岸田文雄首相は、国葬の実施を打ち出したが、反対の声も多く上がることになる。そのタイミングでエリザベス2世が逝去し、英国でも国葬が行われることになった。僕はロンドン時代を懐かしみながら、国葬の映像を見ていたが、あまりに見事に演出された儀式に怖さを覚えた。そこには、日本の明治政府が急拵えの国民国家で対抗しようとした欧州的なものの底力が見事に表れているように感じて、「今の日本の政治で対抗できるものなのか？」と改めて思ったからだ。

この年ベーソンズは、「森を抜けたら」ツアーで全国を巡った。海外ライブは、すべてなくなったが、コロナ禍の制限もある中で沖縄、北海道、九州、四国、関西を回りながら、フジロックフェスティバル出演も果たした。これはTHE ATOMIC CAFEというステージで、プチ鹿島さんとのトークとベーソンズのライブという僕の活動の2本柱で出演したものだ。ライブはベーソンズに森田くみこ、藤原マヒト、松江潤という編成でやったのだが、オフィシャルカメラマンが撮影した写真にはなぜかベースの大策だけが写っていなかった。喫茶店で水を出されない人みたいだ。ベーソンズの肝は、ドラムとベースなのに！　年末、秋葉原CLUB GOODMANで締めのライブをして年間40本のライブを終えることができた。余命5年を生き延びた男にしては上出来の活動ぶりだろう。

第14章

ILL-COMMUNICATION
―病気を哲学する―

病気という人生の流れの分岐点

僕は病人だ。

病人になると周りは治ることを期待する。元通りになってほしい、という意味合いで、治癒や復帰を願う言葉を掛けてくれる。だが、僕は違う見方をしている。人に成ると書いて、成人というが、実はこれは後戻りできる概念ではない。病人も同じで、僕は病人に成った後に元に戻れるとは考えていない。あくまで、病気に成った後の自分に成るのだ。症状が落ち着いたり、あるいは、再発したり、別の病気に罹ったりすることもあるだろう。それはすべて不可逆的な流れの中で起きていることであり、脳梗塞に成った自分、腎不全に成った自分、あるいは、風邪を引いた自分に成って流れていくのだ。

仮に症状としての風邪が治ったとしても、それは風邪を引く前の自分に戻るのではない。風邪を引いた後の自分に進むのだ。病気という体験は、こうした流れの分岐点のようなものであり、体験を経て、流れが変わる。大病や大怪我によって、激流に飲まれるような時もあれば、うつのように自分の中に溜まっていくような感覚の時もあるだろう。また、治療とはこうした激流や淀みを落ち着かせる行為であり、流れを元に戻すものではない。生まれてから死ぬまで、病気も含めた様々な体験を続けた結果、自分という人生の流れができ上がっていくのだ。

病気という体験はただの流れの分岐点である、と考えるならば、小学校入学、恋人との別れ、外出した時に大雨が降る、といった人生の様々な体験と変わらない。だが、病気は忌避すべき体験だと思われている。それは流れの終点であると思い込まれている死と距離が近くなる体験だからだろう。しかし、流れという考え方の終点は、そもそも生物の死ですらない、と僕は考えている。日本では、人は死ぬと遺灰になる。人によっては、骨壺に収められるだろう。そして、その骨壺は墓に運び込まれる。その墓には、都度都度、人が墓参りに来るかもしれないが、長い年月の中で寂れていき、やがて塵となり、土となるだろう。さらに、土は地球とともに、宇宙の流れの中で流れ、太陽が寿命を迎え、惑星状星雲と化すとともに宇宙の塵となる。これもまた流れだ。

巨視的に見れば、このように考えられるし、細かく見ていけば、仮に流れが留まっているように見える時でも、その中では分子レベル、量子レベルで流れが存在している。例えば、水や液剤がセメントになり、それがコンクリートとなって建造物になる。これも時の流れとともに、また灰燼《かいじん》と化していく流れの中にある。生物も無機物もこうして大小様々に流れていて、その全体が世界を形成している。

このように考えるならば、入院や休養、あるいは、うつ状態になって自分だけ止まっているような感覚になった時でも、実は流れていると思えるはずだ。流れの速さは時と場合によって異なるし、流れ自体も方向は様々。環流したり、混ざったり、離れたりもする。こうした豊かな流れの中で、日々細胞が新陳代謝を繰り返しながら、自分もまた在る。これが僕の世界のとらえ方だ。

こうした幾重もの流れの層は、それぞれの方向も速さも未規定だ。そして、広大な〝分からない〟から〝分からない〟へと通じている。その〝分からない〟の只中を僕たちは漂っている。こうした〝分からない〟の只中にあって、一つひとつの体験は〝分かる〟ことへの確かな橋頭《きょうとう》堡《ほ》である。そして、流れという概念は、流れ去った後の忘却ともセットだ。忘却は体験とともにあった苦痛などを消してくれる。だが、忘却のみだと僕らはすべてを〝分からない〟ままだ。だから、流れの中で、忘却されてしまいそうになる体験を都度都度思い出すことによって、〝分かる〟を少しずつ確かなものにしていく必要がある。本書は、まさに僕による〝分かる〟への試みである。橋頭堡としての体験を思い出し、辿りながら、考察を繰り返すことで、わずかな〝分かる〟を得ていく過程を記している。人間に分かることはごくわずかだと思うが、それは人の体験を思い出していくことの積み重ねでもある。

「こうした思い出も時の流れの中で失われていく。雨の中の涙のように。死ぬ時が来た」（筆者意訳）。これは映画「ブレードランナー」のレプリカントのロイ・バッティの最後の言葉だ。〝分からない〟からやってきて、一瞬の生命の煌めきを経て、雨の中の流れのように〝分からない〟に流れていく。レプリカントの寿命は4年。忘却の彼方へと流れていく儚さを感じさせる。だが、この言葉は語り掛けられたデッカード、そして映画を観た僕らの中を流れ続ける。

他者の死が豊かな生に気づかせる

先述したように、死は流れの終わりではない。だが、生物としての終わりではある。生物としての終わりを迎えても、そこからまた流れていく。だが、死後については、人間は自分の体験として認識することはできない。つまり、分からないのだ。だから、死は怖い。だが、分からないことが前提だと考えれば、死との向き合い方も変わってくるだろう。

一方で、死について分かっていることもある。それはあらゆる生物に起こることであり、過去も現在も繰り返されているありふれた事象である、という点だ。死は、生まれた瞬間から生とともにある。常に隣にいる悪友のようなものだ。僕はそんな死のことを先述のように水木しげるが描く死神のようにイメージしている。死神は常に僕らの隣をトコトコ歩いている。だが、ふとした瞬間に死神はこちらの肩に手を回し、ひょいと連れていってしまう。このタイミングは、生まれた直後の時もあれば、長い年月を経た後のこともある。確かに老衰してからのほうが、連れていかれやすいイメージはあるが、これればかりは誰も分からない。

それでも死という体験は非常に重い。他者の死を体験した時、深い悲しみと喪失感に襲われる。人によっては、生涯にわたって影響することもあるだろう。だが、そこで喪失したと思われているのは、その他者の生であり、むしろその他者が生きていた間の関わりは思い出されることになる。つまり、他者の死は、死そのものを体験することではなく、他者の生を思い出すという体験なのだ。その時の記憶とは、ただの過去の記録ではなく、自分の脳で加工した体験だ。他者の死は、他者の生を自らの記憶に取り込んでいく契機とも言える。

僕は祖父母、両親、そして、叔父や伯母の死を体験する中で、彼らとの生をその度に思い出した。その後も、彼らの死を経由する形で、様々な場面での彼らとの体験を思い出す機会が多い。先日も、小学校の頃の恩師・ガッパの公開授業の映像が入ったVHSを家で発見した。僕が卒業してからだいぶ経った時期のもので、なぜ家にあったのかは覚えていない。ガッパも他界してだいぶ経つが、再生して声を聴くと、一気に小学生時代に戻ることができた。その映像に映る、僕の後輩にあたる小学生たちといっしょに、久しぶりにガッパの授業を受けることができた。ガッパの訃報を聞いて葬儀に行った時にも、当時のことを思い出したが、それがより濃厚になった感覚だ。他者の死という体験は、自分と他者との生の体験を思い出させてくれる。そのことによって、自分が生きている間にどれだけ他者と関わってきたのかが分かるようになる。

年月を経るにつれて、両親のことを思い出す機会は減ってきてはいるが、今も僕が何かをごまかして適当にやり過ごそうとすると、母の声で「ごまかすな！」という言葉が聞こえてくる。他者の死は、その者との関わりが深ければ深いほど悲しく、喪失感もあるが、同時に他者との生の関わりを鮮やかに思い出させてくれる体験でもあるのだ。死があることによって、僕は様々な他者と関わって生きていることを実感できている。それは実に豊かなものだ。祖父や父は、社葬もしてもらった。そこでは、祖父や父が僕の知らない多くの人とも関わっていたことを知った。かつては、自分の親族や知人だけでなく、近所の葬式に呼ばれることもあった。そういう場に行くことで、自分とは少し遠い距離にいると思っていた人でも、様々な他者との関わりがあり、実に多くの人生が流れているのを知ることができた。最近は親族の規模も縮小し、近所の葬式に呼ばれるようなこともなくなった。僕だけでなく日本社会全体で他者の死を体験する機会が減っていると思うが、これがもたらす影響はよくない方向に出るのではないかと思う。

病気との付き合い方の歴史がもたらしたもの

ここまで死という分からないものとどう向き合うかについてあえて肯定的に考えてみた。死を恐れることは、病気を忌避する態度にもつながるからこそ、死について考える必要がある。だが、他者の死により豊かな生に気づくという構造は、他者との関わりを前提として成立する社会を考えるうえでとても大切だ。それゆえに、社会を安定させ、保全に向かう意識もまた理解できるようになる。それは、災害対策をはじめ、法を制定し、財産の継承を安定させ、さらに、暴力を行政に預けることで「万人の万人による争い」（『リヴァイアサン』）を収めるという社会学の歴史にも結びつく。そして、それは暴力の発動によって理不尽な死が引き起こされる戦争に反対する考えにもつながっていく。死を忌避せず、無闇矢鱈に恐れず、分からないものとして向き合うことは、死がもたらす様々な事象とも向き合うことを意味するのだ。

死が当たり前の事象であるように、病気もまた当たり前だ。死のように確実にやってくるとは限らないが、多かれ、少なかれ、人は病気になるし、周囲にも病気の人は存在しているはずだ。新型コロナウィルスのパンデミックでは、それこそ世界中で、市民でも権力者でも王族でもアスリートでも誰であろうと、病気になるというリアリティが改めて理解されたはずだ。それにもかかわらず、いまだに病気は忌避され、煙たがられ、病人は差別されている。もちろん、感染症のように物理的な隔離が必要なケースや、精神疾患などにより社会的生活が難しいケースは、心理的な排除へとつながりやすいこともあるだろう。だが、「ここまで当たり前に存在し、誰でもなり得る病気にいい加減慣れろ！」と僕は思う。僕は脳梗塞で倒れて以降、病人であることを声高に主張し、病人という存在を可視化させることで差別をなくし、当たり前の存在であることを共有してもらおうと考えている。それが「ド派手な病人」のコンセプトだ。

そもそも僕が今、述べてきたような世界観を持つことができたのは病気になったからだ。病気が僕にもたらした知識や気づきは、本書の中で述べてきた通りだ。病気があったからこそ、今の自分に成れた、という意味で、今は立派な病人だ。そもそも人類に、そして、この社会に病気がもたらしたものはとても多い。まず、医学という学問がそもそも病気があったからこそ生まれたものだ。学問としての医学、そして、職業としての医療。様々な研究成果やテクノロジー、薬や医療器具は、病気を研究し、学び、克服する過程で生まれてきている。医者などの医療従事者、そして、それらの職種が働く病院や福祉施設もすべては病気があるからこそ存在している。それがどれだけ人類の科学や文化を進歩させ、多くの雇用を生んできたのだろうか？

病気は様々な症状を引き起こす。それが人体組織の様々な場所でエラーが起きていることを知らせてくれる。そして、エラーを治さなければ、人体が動いていく中で色々と不都合が生じる。だからこそ、症状をなくしたり、落ち着かせたり、再発を予防したりするための治療は大切だ。だが、逆説的に言えば、エラーの存在によって、人体組織の様々な構造が理解されるようになってきたとも言える。僕らは、母親の胎内で様々な身体の部位を形成して生まれてくるわけだが、自分という全体がどう機能しているのかを知らない。自分がどう動いているのか？簡単に言えば、どう生きているのか？　これらについて全く知らないまま生きていくことが可能なのだ。

それだけ生物の肉体は完成度の高いものだとも言えるが、逆にそこにエラーが起こって初めて「どう動いていたのか？」という考察が始まるのだ。エラーへの対応を通じて人体の機能が理解され、それが強化にもつながっていく。例えば、眼鏡という発明は衰えた視力を補正するために開発されたものだが、その技術はむしろ視力をよくする方向にも働いている。義手や義足の技術もまた同様であると言えるだろう。そうした考察を経ることで、エラーだと思われたものが実は様々な可能性を示すものだと分かる。エンパワメントにつながったり、場合によっては進化の可能性ですらあるのだ。

人類には、長きにわたって病気と向き合い、試行錯誤してきた歴史がある。そこで、各国の医学史について簡単に紹介したい。エジプトの紀元前17世紀頃の世界最古の医学書の一つエドウィン・スミス・パピルスの中にすでに人体解剖の研究や診断、治療などについての記述がある。さらに、バビロニアでは、エサギル・キン・アプリという医師による『診断手引書』が知られており、ここでは患者の兆候に対して検査、視診を行って治療をする方法などが記述されている。こうしてエジプト、バビロニアの医学はギリシャに継承された。紀元前460年頃にギリシャのコス島に生まれたヒポクラテスは「医学の父」として有名だ。彼を中心とした活動は、死後100年ほどして編纂された『ヒポクラテス全集』に収められているが、その功績として呪術や迷信を廃し、臨床と観察を重んじた経験科学としての医学を発展させたことが挙げられる。ヒポクラテスの業績はローマ帝国時代のガレノスらに継承され、やがて西洋医学の基礎となっていく。「人生は短く、術の道は長い」とはヒポクラテスの言葉として有名だ。

パキスタンの考古学調査では、紀元前3300年頃のインダス文明ハラッパーの人々が、医学や歯学の知識を持っていた痕跡が発見された。中国では、紀元前4世紀、春秋戦国時代に中医学の祖と呼ばれる扁鵲《へんじゃく》がいたと言われる。「六不治」という漢方の概念を生み出した人物とされるが、これはどうすれば、病気が治るかではなく、どうすれば、病気は治らないかという観点から考えているのが特徴だ。個人的には、三国時代に活躍した名医・華佗《かだ》の印象も強い。今も近所にある服のお直し屋の名前が華佗である。

このように、医学史の始まりを少しのぞいてみるだけでも楽しいが、ここでは述べきれないような多くの人々が長きに渡って病気を研究してきた結果、知識や経験が蓄積し、検証され、今に至っているのだ。術の道は長い。その発端は病気であり、病と向き合い続けた歴史は、そのまま人類の知の歴史とも重なる。今、当たり前に受けられる医療サービスの多くは、こうした術の長い道のりを歩んだ先に広がっている。怪我の功名とはよく言ったものだが、人類史を通しての病気や怪我との付き合い方が現在の僕らの日常を規定している。僕らは病気とともにあり、病気によって築かれた地平の上にいるのだ。もちろん、そこには多くの犠牲もあり、苦難もあったはずだが、病気にネガティブなレッテルを貼って、ひとまとめに排除するのは、話が単純過ぎるのではないかと僕は思う。

病気という属性

病気に対するレッテルについてもう一つ指摘しておきたい。病人はよく心配される。僕もそうだ。たいていの知人は僕に会うと、体調を気遣ってくれる。これは本当にありがたいことだ。ただし、それが〝僕〟を気遣ってくれているのであればだ。病人を気遣う言葉の中には、病人という属性に対して、その属性にふさわしいと思われる言葉を述べているに過ぎないことがある。病人という属性には、弱い、辛そう、痛そう、可哀想、気にかけるべきといった優しくすべき対象、そして、迷惑、不摂生、邪魔といったネガティヴなものなどがある。果ては、隔離すべき、排除すべきといった優生学などに代表される憎悪の対象にもなり得る側面もある。

病気および病気にかかった病人は、ずっとこうした属性による判断で差別されるという、迫害の歴史を辿ってきた。ペストもハンセン病もエイズも、そして、新型コロナウイルスなどによる感染症、先天性のものから後天性のもの、精神や肉体の障害なども。難病という言葉はまだよいとしても、奇病という言葉に込められたニュアンス。社会は病気にかかっている人を長年属性で判断し、差別してきている。病気ごとに特有の症状があるのは当然だ。だが、病気にかかっているのは一人ひとりの個人だ。症状の重さも個人差があり、同じ症状でも人によって感じ方は異なるはずだ。調子のよい時もあれば、悪い時もある。楽しい時もあれば、辛い時もある。快適に感じる時もあれば、不快な時もある。眠い時もあれば、眠くない時もある。ちゃんと個人として、その人として見ていれば、当たり前に分かることだろう。

ところが、これを病気の人、あるいは◯◯病の人として見てしまうと、その属性に合わせた振る舞いしかできなくなってしまう。「気にかけるべき対象として優しくしているからよいだろう」というのは、実は危うい考え方だ。なぜなら、それもまた属性で判断しているに過ぎないからだ。このように、人を属性で判断していると、容易にポジティヴな対象からネガティヴな対象に変化し得る。病人だから優しくする、病人だから弱いという判断は弱いものはいらないという考え方と地続きだ。歴史を見ても、◯◯人だから優れていている、という考え方が△△人だから劣っているという考え方につながっていった例はナチスに限らない。どちらも属性で判断しているという構造が同じだからだ。僕が提唱している「ド派手な病人」というコンセプトもこうした属性に基づく判断にノイズを起こさせるのが狙いだ。病人なら、◯◯病の人なら、こう振る舞うだろう、だから、こう接しておけばよい、という枠組みに収まらないあり方をあえて提示していくのだ。

繰り返しになるが、病気によっては共通する症状がある。それに対して、共通する対応、治療もある。だが、病気にかかっているのは、あくまで一人ひとりの個人だ。だから、個人として見てほしいのだ。僕もしんどい時はしんどい。腎臓の数値が悪化するにつれ、疲れやすくなっている。それでも、人前に出てライブをしている時は、アドレナリンが出ているのか、元気なことが多い。2時間のライブをバンドでやった後に「大丈夫?」などと聞かれると、D.Oのラップのように「そっちが大丈夫?」と聞きたくなってしまう。

本書を書きながら、僕が病気から教わったことを改めて考えてきた。両親の病気と死、そして、僕自身の経験。実に多くの学びがあったと思うし、出会いもあった。脳梗塞のリハビリでは、歩行するという人体機能の素晴らしさを学ぶこともできた。僕らは多くの当たり前のようにやっていることについて、そもそもなぜそれができているのかを知らない。片目の視野欠損で、眼帯を装着するようになったが、視覚についても知らないことだらけだった。そもそも眼球の働きをカメラのレンズのように理解することもしていなかった。ちなみに、眼球に入ってくる光を屈折させる角膜とその屈折を調整する水晶体がカメラのレンズにあたる。そして、瞳をリング状に囲んでいる虹彩が絞りの役割を果たしていて、眼球に入ってくる光の量を調節し、網膜というフィルムに像を焼き付ける。それを視神経が脳に伝え、イメージを見せてくれるわけだ。

ここに一つ、大事なポイントがある。脳はあくまでイメージを見せてくれているだけ、ということだ。「僕とあなたが見ている赤色が同じ赤だと証明することはできない」という有名な話がある。僕の見ている赤色は、脳が見せてくれているイメージに過ぎないのだ。脳は赤外線と紫外線の間の光を瞬時に解析して、イメージをつくり出す。その際、「ものがどう見えるか?」については、脳がそれまでに蓄積した情報に基づいてイメージの予測をしている。

例えば、僕らは止まっているエスカレーターの上に乗ると、必ずつまずく。これはエスカレーターが止まっているにもかかわらず、それが動いているものだという事前情報に基づいて脳が予測しているからだ。見えているものをすべてその通りに像として結ぶと、脳に膨大な負担がかかる。だから、人間の脳はあらかじめ様々なショートカットをして、見せたいものだけにフォーカスするようにできている。この辺りの専門的な話は難解になってしまうので、ここで止めておくが、要は僕が片目になってもある程度周囲の認識ができているのは、この脳の機能のおかげだということだ。片目で視野が狭くなり、硝子体切除手術をしているので、光の屈折を調節する機能も粗くなっているはずだが、それでも、右目の眼球に入ってくる光から、脳がそれまでの経験に基づくイメージを僕に見せてくれている。

こうした脳の機能は、視覚障害を持つ人の場合、聴覚や嗅覚、触覚の情報に基づいて働いているが、それは視覚情報に基づくイメージとは、全く異なるものだ。さらに言えば、犬などの動物や鳥、昆虫もそれぞれに全く異なった情報に基づいて世界を認識している。つまり、僕らは互いに同じ赤を見ているかどうかの確認すらできないが、多様な視座が重なり合った世界を互いに認識し合いながら、生きているということが分かるのだ。僕は片目になったが、こうした考え方を学んだという意味で、世界に対する視野が開けたのだ。

うなぎ

病気を通して視野が広がったと言ったが、大小問わず学びの連続でもあった。僕は現在、腎臓病食を中心とした食生活になっている。減塩、低タンパク質で、塩分は1日6g、タンパク質は1日60gが目安だ。それ以前からも糖尿病食で、血糖値を上げないために、炭水化物の制限があった。この二つを組み合わせた食事制限はなかなかハードだが、血糖値はインスリン注射でコントロールできるので、塩分とタンパク質への注意がメインになった。それまでの僕は酒は元々弱かったが、カレーが大好きだった。それ以外も酸いも甘いもどんと来いの食道楽人生を生きてきた。もう、僕はそんな食生活は送れないわけだが、一生分をすでに堪能したと考えるようにしている。ちなみに、腎臓病食は栄養計算された冷凍パックが1週間分届くようにしており、家ではそれを食べている。慣れるとこれはこれでおいしいと思うようになってきた。だが、入院中、特に最初の脳梗塞での入院中はとにかく食事で苦労した。

僕の考えでは、病院食はあえておいしくならないようにつくられていると思う。患者たちに「こんな場所にいてはいけない！　早く出ていきなさい！」というメッセージを伝えるためにもレベルを下げているのではないか。それはマクドナルドで椅子を固くして、長居させないようにしているのと同じ原理だろう。病院に長居はよくない。それくらいの裏があるように思えるほど、病院食はおいしくなかった。メニューは様々出るのだが、問題は魚介類だった。僕は元来魚より肉が好きではあったが、病院の魚介類は自ら僕に嫌われにいっているような味だった。特に印象に残っているのが〝シルバー〟だ。シルバー、それは普通に金属の名前であって、食べものではない。そのメタリックな響きは、そもそも食欲をそそらないが、口に運んでみると、驚くほど無味無臭だった。このネーミングにしたせいか、むしろ少し錆びた味すらしてくる。他の魚介類も昔の冷凍食品のような、解凍に失敗した臭いがした。これは、僕の脳がそう感じさせていた可能性もあるのだが、とにかくげんなりしてしまった。

入院当初から治療はすべて受け入れると決めていたので、食事もすべて食べることを心掛けていた。そんな自分の決意の重さもあって、相当暗い表情をしていたのだろう。大部屋で隣のベッドにいたおじいさんが話し掛けてきた。

「まあ、そんなに暗い顔をしなさんな。一体、どうしたって言うんだい?」

「このシルバーが……。あまりに美味しくなくて……。食べなきゃ治らないと思っているんですが」

「ああ、兄ちゃん。あなた、まだ入ったばかりだね。だから、知らないんだ」

「え？　知らないって何をですか？」

「魚介NGだよ。毎週頭にメニュー表が届くだろ？　そこに魚介NGって書いておくんだよ。そうしたら、一切魚介類は出てこなくなるぜ！　俺はとっくにそうしてるよ」

なんと……。そんな隠しコマンドがあったとは！　やはり、ベテランは経験値が違う。実際、僕の部屋には、年齢がダブルスコアの先輩ばかりで、若輩者の僕は一人あたふたしていた。先輩たちの堂々たる患者っぷりを見習わなければ。僕は早速メニュー表に魚介NGと書いてみた。すると、どうだろう！　毎日の食卓が、それこそ彩りから変わってしまったのだ。トレーに乗ってくるのはカルビ焼肉、ハムカツ、照り焼きチキン、ハンバーグ……。量こそ少ないものの、オールスター級のミートメニューが次から次へとやってくるのだ。こんな裏技があったとは！　それからの毎日は、それこそ薔薇色だった。回復も早くなっていたに違いない。先述したように、毎週水曜日のお昼はカレーと決まっていて、そこに向けての日々のルーティンは、メリーゴーランドのように華やかになった。リハビリも順調、検査も順調と色々回り出してきた7月の中旬のある日曜日、病院全体の雰囲気がガラリと変わった。それは小さな異変から始まった。朝食のトレーになぜかのぼりが立っていたのだ。

「土用丑の日」とパタパタとはためくのぼりにはそう書いてあった。朝食のメニューは、ただのハムエッグだったが、確かにのぼりが立っているのだ。すると、次々と異変が起き始めた。

まず、病院のムードが一気に明るくなったのだ。そして、室内にもかかわらず風が気持ちよく吹き抜けていくような感触があり、どこかにぶら下げてある風鈴がチリリンと鳴るのであった。昼食が来ると、さらに盛り上がりを見せてきた。のぼりが大きくなっているのだ。青い爽やかな下地に赤い文字で土用丑の日と太く書いてある。廊下を見ると、一人の患者が担架で運ばれていた。それがまるで神輿《みこし》のごとく上下に揺れていて、運んでいる看護師がみなスキップしている。廊下の向こうからは、明らかに祭囃子が聞こえてきた。あれ？　今の看護師さん、浴衣を着ていたのでは？　パタパタと草履で走っていますか？　そして、室内なのになぜか打ち上げ花火の音までしてきたのだ。これは間違いなく、祭りだ！　わっしょい！

そして、いよいよ18時が近づいてきた。誰もが知っている夕飯の時間だ。僕らの部屋にも食事が運ばれてきた。奥のベッドにトレーが運ばれていく。今度はその日最大級ののぼりが上がっているようだ。大きく風にはためくそれは藍染に太い白文字で土用丑の日と書いてある。あれはきっと著名な書道家の筆によるものに違いない。それくらいの迫力だ。そして……。奥のベッドから歓声が聞こえてきた！

「やったー！」

次々とベッドから歓声が湧き起こる。僕の部屋だけじゃない。隣の部屋も、そのまた隣の部屋も大盛況だ。花火も次々と上がっている。そして、いよいよ僕の前にもトレーが運ばれてきた。大きなのぼり。お椀。そして……。どんぶりだ。お、丼ですか！　重なんて話もあるけど、こちらは丼ですか！　かつて、『美味しんぼ』で丼は宇宙だ、なんて話もありました。でも、まずはお椀を開けてみましょう。おおっと、これは！　かの有名な！　あの肝吸いってやつですね。これはまごうことなき肝吸いですよ。ちょっと啜ってみると、あら、もうおいしいじゃないの！　そして、いよいよ。蓋を開ける時が来た。それは宝石箱のように鎮座し、そして、プンプンとあのタレの香りを外に漏らしているではないか。もう待っていられない！　右手でふたを取って持ち上げるのだ。

「よし！」

「あれ？」

「ん？」

「んん？」

「んんん？」

僕は目の前の光景をにわかに受け入れることができなかった。そこには、脳が予測したイメージの、あれがあるはずだった。香りだって蒲焼きだった。だが、しかし。目の前にあったのは。ミートボールが2個。ミートボールが2個だったのだ。ご丁寧にもタレがたっぷりとかかっている。

「え？」

「何これ？」

「ちょっと？」

「看護師さん⁉」

僕は思わず、ナースコールを押していた。すると、そこに看護師が現れた。それまでの祭り気分はどこへやら。普通に病院の制服を着た看護師が無表情で立っている。

「あ……。あの、これ何かの間違いですよね？」

「どうしましたか？」

「いや、だって、ほら……。土用丑の日ですよね？　だったら……」

「どうしましたか？」

「うなぎでしょ！　ここは！　うなぎ！　うなぎが乗ってなきゃおかしいでしょ！」

僕は叫んでいた。それだけ元気になっていたのだろう。入院してから初めて大声を出したかもしれない。それだけ切実だったのだ。

「和田さん、魚介NGでしたよね？」

看護師は冷たくそう言い放った。魚介NG……。いや、うなぎは、うなぎは……。

「うなぎは魚介じゃないでしょ！」

「魚介類ですよ」

なんと言うことだ。こんなことが起きるなんて。それまでのミートオールスターズが脳裏を駆け巡る。こんな代償が待っているなんて。なんて過酷なんだ。僕は奈落の底に落ちた気分だった。でも、一つだけ救いはあった。それは、僕が一人じゃないということだ。この祭り騒ぎで浮かれる病院の中で、一人だけ除け者ではない。仲間がいる。僕はそう思って、隣のベッドのおじいさんに目を向けた。おじいさんはおいしそうにうなぎを頬張っていた。僕は完全に呆気に取られた。口も半開きだったかもしれない。あまりのショックに、しばらくおじいさんを見つめていた。すると、おじいさんがゆっくりこちらを向いた。

「おい、兄ちゃん。土用丑の日は、魚介NG解いておかなきゃダメだろうよ」

僕はまた一つ学んだ。これは病院生活で得た学びの中でも最も大きいものかもしれない。

「土用丑の日は魚介NGを解かなければいけない」

僕は病人だ。まだ学びの途中にある。人生について、病気について、死について、社会について、世界について、時に奮起し、時に項垂《うなだ》れる。そんな僕をぐいっと、ふわっと支えてくれる周りの人たちのおかげで、また一歩、明日も踏み出そうと思う。

Ｏｕｔｒｏ――おわりに――

「イル・コミュニケーション」を書き終えた。自分自身について、人生について、社会について、世界について、僕は病気をしていなかったらこんなに考えることはなかっただろう。

地球の地質時代における区分は新たに人新世に突入。気候変動を巡る議論も活発化し、台風や津波、山火事は各地で発生している。新型コロナウイルスによるパンデミックで国際社会は一時停止を余儀なくされ、ロシアの侵攻によるウクライナ戦争が勃発した。中東やアフリカの情勢は安定せず、アメリカを筆頭に民主主義社会の分断が進行し、Ｚ世代的感覚が広がる傍ら排外主義もまた横行している。中国、インド、ブラジルといった国々が台頭して来て、国際情勢のバランスも大きく変わりつつあるが、権威主義的政治体制の国も増え、難民の数は増加の一途を辿っている。そして、ＡＩ技術が驚異的な発展を遂げる中、メタバースも構想され、ポスト・トゥルース時代のファクトとフェイクが情報空間の中で入り乱れている。国内状況の先行きの不透明さもいよいよだ。多くの指標が低迷する中、政府への信頼は下落し、腐敗、隠蔽が次々と発覚していく。僕はこうした時代背景を「乱世来たる」と表現している。

乱世を生き抜くための術は色々と考える必要があるが、僕は自分が病人であることからもまずは病人であることを属性として判断されないことが大事だと思っている。今の社会のバランスがかなり危うい中で、そのバランスが少し傾いた時に病人に対し、弱い人たち、迷惑な人たち、足を引っ張る人たちといった属性判断が下される可能性を常に危惧している。実際、多くの病人は社会が安定していて継続的な医療を受けられることが生きるうえでの前提になっている。

ちなみに、シリアの内戦に追ったドキュメンタリー映画「娘は戦場で生まれた」の主人公（ジャーナリスト）の配偶者は医師で病院に勤めている。彼らが暮らすシリアのアレッポは政府軍と反体制派の戦闘が激化し、政府軍とロシア軍による空爆が相次ぐようになる。病院は標的にされない（病院への攻撃は国際法上戦争犯罪とされる）と彼らは考えているが、政府軍およびロシア軍の空爆はそれにはお構いなしで、街からの避難を余儀なくされる。

僕は何度か入院もしていて、今も毎月通院して検査を受けている。腎機能の悪化が進んで透析治療などになったら、より長時間病院のお世話になるだろう。もし、シリアのように社会のバランスが崩れたら、病院の検査機材や処方される薬の安定供給は自明のものではないことも分かる。戦争、紛争、自然災害。様々な要因でインフラが機能しない状況は世界各地の現実でもあり、そして日本も他人事ではないはずだ。その前にまずは病人を属性判断しないこと、そして病気や死を忌避するのではなく、適切に向き合っていくことを社会的合意にしていく必要があると思っている。そのうえで病人が社会生活を送るためには、社会インフラとしての病院や薬の流通が重要なことを改めて理解してほしい。この時代、社会をちゃんと回す視点は病人から生まれるのかもしれない。

病気について、死について考えていく中で僕はぐいっと、ふわっと、という表現で周囲からのサポートの大切さを表すようになった。互いのことをぐいっと、ふわっと支えていくつながりは、病人に対する態度というより乱世を生き抜くために必要な人間関係のあり方だと思う。ただ、そのことに気づくために僕は病気という経験を経る必要があった。今回、本としてまとめる中でそのことを改めて確認できたのは大きいと思う。僕は病気をしたことでやっと人間に成れたのだと思う。

病気から学ぶ。具体的に言えば、僕は片目になってこそ視野が広がった。元々、人間の眼は左目、右目で少しずつ違う風景をとらえている。これは「両眼視差」と言うが、両目の風景の違いから脳が奥行きや立体感を計算して僕たちが見ている像がつくられている。僕は左目の視野欠損によって明るさの認識も弱くなっているので、脳の計算に偏りができているわけだが結果的には違和感なく見えている。脳がこれまでの体験、経験および知識に基づいて偏りを補完しているのだ。脳の補完機能の発見は、リハビリを通じて歩行機能を再発見したことと合わせて僕にとって大きな学びだった。病気について考えた結果、僕は人体において補完的に使われている機能を再発見することができたのだ。これこそ、病気の哲学なのではないかと思う。病気について考えたからこそ、視野が補完され、むしろ広がったのだ。

その意味で本を通して病気、死についての考察を重ねたことは今後にとって大事な時間になった。今も病人としての日常生活を支えてくれる妻と長女と次女、弟、友人、知人、仲間たち、病院の医師や看護師たちに改めて感謝を捧げます。編集の奥村さんには僕の今までの活動をしっかり押さえてくれたうえで的確な編集アドバイスを頂きました。吉田正樹事務所の野坂君には本の企画の立ち上げから併走してもらって心強かった。脳梗塞で入院した時の4人部屋でいっしょになった患者の皆さんのおかげで病院をフッドとして、病人をホーミーと考え、病気をレペゼンするラッパーとしての立ち位置を見つけることができました。この本を通じてさらに多くの方とイルなコミュニケーションを続けていきたいと思います！ ＨＩＰＨＯＰに幸あれ。

SERIES CHRONIC

叢書クロニック——創刊のことば

いつまでも健康でいたい。これは万人共通の願いではないでしょうか。今日では健康寿命の延伸や健康意識のニーズの高まりによって、人の誕生から死に至るまでありとあらゆる領域が医療の対象とされ、治療の専門化も進んでいます。しかし、人は生きている以上、病気と無縁でいることはできません。具体的な症状があれば医者に相談できますが、健康になる方法は誰も教えてくれません。では、どうすれば健康になれるのでしょうか。

健康の定義はWHO憲章*に代表されるように、必ずしも肉体や精神の健康に限定されるものではありません。そして、健康の解釈は社会や文化によっても異なり、多様性があります。ただ、健康について一つ言えるとするならば、それは「病気ではない状態だ」ということです。つまり、健康になるためには、病気とは何かについても深く知る必要があります。

アメリカの精神科医で医療人類学者のアーサー・クラインマンは、病気の概念を医者が治療対象とする疾患(disease)と患者が経験する物語(病気の意味)としての病い(illness)に分け、「治るとも限らない慢性疾患に苦しむ患者の物語にこそ、病いの本質である多義性が表されている」と指摘しました。つまり、物事の本質を理解するためにはその構造の外に一度出てみることが大切なのです。

本シリーズでは、医学はもちろんのこと人文、アートなど様々な領域の著者の「語り」を通して、慢性疾患を中心とした「病いの意味」と「健康の多様性」をとらえ直すことを目的に創刊しました。シリーズ名の「クロニック」は、英語で「慢性疾患」を指しますが、「病みつき」「長く続く」というポジティブな意味も持っています。

本シリーズが読者の皆様に末永く愛され、そして、読者の皆様がいつまでも健康でありますように、と願いを込めて。

*WHO憲章前文「健康とは、病気でないとか、弱っていないということだけではなく、肉体的にも、精神的にも、そして社会的にも、すべてが満たされた状態にあることをいいます。」

著者略歴

ダースレイダー

1977年、フランス・パリ生まれ。ロンドン育ち、東京大学中退。ミュージシャン、ラッパー。吉田正樹事務所所属。2010年に脳梗塞で倒れ、合併症で左目を失明。以後は眼帯がトレードマークに。バンド、ベーソンズのボーカル。オリジナル眼帯ブランドO.G.Kを手がけ、自身のYouTubeチャンネルから宮台真司、神保哲生、プチ鹿島、町山智浩らを迎えたトーク番組を配信している。著書『武器としてのヒップホップ』（幻冬舎）『MCバトル史から読み解く日本語ラップ入門』（KADOKAWA）など。2023年、映画「劇場版センキョナンデス」「シン・ちむどんどん」（プチ鹿島と共同監督）公開。

デザイン　加藤 賢策（LABORATORIES）
DTP　濱井 信作（compose）
校正　佐藤 鈴木
編集　奥村 友彦

イル・コミュニケーション
── 余命5年のラッパーが病気を哲学する ──

2023年11月30日　第1刷発行
著　者 ダースレイダー
発行者 須永 光美
発行所 ライフサイエンス出版株式会社
〒105-0014　東京都港区芝3-5-2
TEL 03-6275-1522(代)　FAX 03-6275-1527
https://lifescience.co.jp
印刷所 大村印刷株式会社

Printed in Japan
ISBN 978-4-89775-471-0 C1010
© DARTHREIDER 2023

JCOPY〈(社)出版者著作権管理機構 委託出版物〉
本書の無断複写は、著作権法上での例外を除き禁じられています。
複写される場合は、そのつど事前に、(社)出版者著作権管理機構
（TEL 03-5244-5088、FAX 03-5244-5089、e-mail: info@jcopy.or.jp）の許諾を得てください。